Daruma (Bodhidharma)
der Ur-Vater des Karate

„Zu nennen sind auch die Patriarchen des Buddhismus, keiner so volkstümlich wie Daruma (Bodhidharma), der 28. in der Reihe, der 526 n.Chr. mit dem Mantel und der Bettelschale Buddhas den Sitz des Patriarchats nach China brachte, wo er noch fünf Nachfolger hatte. Daruma hat nach der volkstümlichen Legende neun Jahre in unbeweglicher Kontemplation eine Wand angestarrt."

„Die Zen-Sekte, in China von Daruma gegründet, im zwölften Jahrhundert nach Japan gebracht, sucht auf den Ur-Buddhismus zurückzugreifen. In ihrer Lehre steht die Kontemplation im Mittelpunkt. Mit der Forderung der Selbstbeherrschung stand sie den ritterlichen Vorstellungen der Feudalzeit am nächsten und war vor allem unter den Samurai vertreten."

Prof. Dr. Karl Rathgen, in „Staat und Kultur der Japaner", Verlag von Velhagen & Klasing, Leipzig, 1907.

KARATE FACHWORT LEXIKON

Rund 2.000 Fachausdrücke
Über 190 Abbildungen

Idee, Sammlung und Zusammenstellung:

Herbert Velte

Impressum

Karate-Fachwort-Lexikon.
Copyright und Herausgeber: H. Velte, Sport-Buch-Verlag, Postfach 2464,
D-6380 Bad Homburg v.d.H., Tel. 06172/36039.
Idee, Sammlung und Zusammenstellung: Herbert Velte.
Fachtechnische Beratung: Koichi Sugimura, 5. Dan, Schweiz.
End-Kontrolle: Jürgen Seydel, Usingen/Ts.
Zeichnungen: Peter Raab
Archivmaterial: siehe unter Bibliographie.
Druck: Ristau-Druck, 6365 Rosbach, Tel. 06003/852362
Umschlaggestaltung, Grafik und Lithographie: PR Grafik, 6365 Rosbach.
Erste Auflage: August 1986.
ISBN 3-923473-28-1

Inhaltsverzeichnis

Zur Person:

Herbert Velte, der Initiator und Verfasser dieses Buches beschäftigt sich seit nahezu 30 Jahren mit dem Budosport. Er begann mit dem Judo 1953 und bestand die Prüfung zum 2. Dangrad 1960 bei Kokichi Nagaoka. Seine Lehrer waren u.a.: Jürgen Seydel, Tokio Hirano, Kokichi Nagaoka, Masao Watanabe, Dr. M. Suzuki, Dr. Hanho Rhi, Th. Misslin und Heinrich Metzler.

Während seiner kämpferischen Laufbahn war Herbert Velte mehrmals Hessischer Judo-Einzelmeister und einmal deutscher Vizemeister.

Von 1961 bis 1967 arbeitete er als hauptberuflicher Redakteur des noch heute existierenden Fachorgans „Judo", danach als Schriftleiter des „Internationalen Judo- und Karate-Journals" in Lübeck.

Nicht nur viele Fachartikel in Budo-Zeitschriften, sondern auch einige Publikationen wie „Budo-Lexikon", „Budo-Weisheiten", „Budo-Karikaturen", mehrere Bände der Reihe „Die kleine Budo-Bibliothek" und andere Bücher über die Themen Judo, Karate und die artverwandten Sportarten machten ihn in Fachkreisen bekannt.

Seit 1973 ist Herbert Velte Inhaber der „Budo-Artikel-Vertriebs GmbH" und des "Sport-Buch-Verlages H. Velte" in Bad Homburg v.d.H.

Abb. 1: Rückenwurf Ura-nage, vorgeführt 1958 von dem Autor dieses Buches, Herbert Velte.

6

Vorwort

Das vorliegende Karate-Fachwort-Lexikon ist eine bewundernswerte Fleißarbeit meines alten Judogefährten Herbert Velte. Der Verfasser war bemüht, möglichst viele wichtige und informative Begriffe zusammenzutragen.

Eine große Schwierigkeit darf dabei nicht übersehen werden: ganz im Gegensatz zum Judo gibt es im Karate bis heute weder ein einheitliches System noch eine repräsentative Vertretung wie etwa den Kodokan.

Die vielen Richtungen, Schulen und Verbände in Japan und auf Okinawa zeigen eine Vielfalt kleinerer und größerer Unterschiede und Abweichungen in den einzelnen Techniken und Kata, wobei die Unterschiede den Laien besonders dann verwirren können, wenn variierende Namen verwendet werden.

Auf die Verschiedenheiten einzugehen und sie den einzelnen Richtungen beizuordnen, würde den Rahmen eines allgemein verständlichen Kompendiums sprengen. Der Leser sucht schließlich eine verständliche und unkomplizierte Übersicht, und diesem Wunsch hat sich das Lexikon zu fügen.

Wenn es darüberhinaus interessante Vergleiche aufführt und Denkanstöße vermittelt, erfüllt es seinen Zweck als Nachschlagewerk für jene, die sich näher mit Karate-Do beschäftigen möchten.

Usingen, im August 1986

Jürgen Seydel

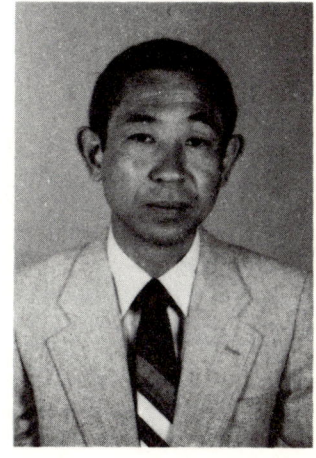

"Wenn ich zurückblicke, so war Karate vor 20 Jahren nur sehr spärlich verbreitet. Es entwickelte sich aber in den letzten 10 Jahren sprunghaft. Man sagt, es bestehe die Möglichkeit, daß Karate 1992 eine Olympische Disziplin werden könne.
Obwohl Karate eine weitverbreitete Sportart geworden ist, gab es bis jetzt noch kein Fachlexikon. Ich freue mich daher sehr, daß nun ein solches wirklich brauchbares Buch vorliegt."
Koichi Sugimura, 5. Dan Shotokan (JKA).
Von 1966 - 1970 Karatetrainer an der Universität Freiburg, seit 1971 in Zürich lebend und bis heute in der Schweiz Shotokan-Karate unterrichtend.

Was ist Karate-Do?

(japanisch: der Weg des Fechtens mit der leeren „unbewaffneten" Hand)
Kara = leer, nackt, unbewaffnet.
Te = Hand.
Do = Weg, Grundsatz, philosophisches Prinzip.

Aus verschiedenen ursprünglichen Formen des chinesischen Boxens (Chuan-fa, T'ai-chi, Kempo, Kung-fu) hervorgegangen, entwickelte sich auch das rein japanische Karate vor vielen hundert Jahren, zu einer Zeit, als das Tragen von Waffen dem gemeinen Volk verboten war.
Mit unzähligen, lange geheim gehaltenen Techniken versuchte man, sich und seine Familie ohne Waffen zu verteidigen und entwickelte dabei im Laufe von vielen Jahren die verschiedensten Systeme.
Als legendärer Vater des Karate gilt Bodhidharma (siehe dort), der als Zen-Patriarch und buddhistischer Mönch etwa in der Zeit zwischen 520 und 535 n. Chr. im chinesischen Kloster Shaolin (siehe dort) die Ur-Form des Karate schuf.
Danach entwickelten sich im Laufe von vielen hundert Jahren unzählige Faustkampf-Systeme, die sich etwa ab 1920 von Okinawa aus nach Japan kommend in den vier großen Karate-Stilrichtungen (Shotokan, Shito-ryu, Goju-ryu und Wado-ryu) konzentrierten.
Als Begründer des modernen Karate wird Gichin Funakoshi angesehen, der dem Karate ein ethisch-philosophisches Weltbild (Do) gab, das noch heute als Leitgedanke der Japan-Karate-Association gilt. Dort heißt es: „oberstes Gebot ist nicht der Sieg oder die Niederlage, sondern die Vervollkommnung des eigenen Charakters."
Allen Systemen gemeinsam sind die dynamischen Schläge, Tritte und Stöße, meistens mit Händen und Füßen, unter Berücksichtigung konzentrierter Kraft und größtmöglicher Schnelligkeit, auf empfindliche Körperstellen des Angreifers.

Beim heutigen Karate werden sowohl im Kumite (einem Kampf mit Partner) als auch in der Kata (einer Pflichtübung mit verschiedenen Techniken gegen imaginäre Gegner oder Partner) die Stoßtechniken (Tsuki), Schlagtechniken (Uchi), Trittechniken (Keri) und Blocktechniken (Uke) geübt und vervollkommnet.
Hierbei darf der Gegner im Kampf oder der Partner im Training (ähnlich dem Schattenboxen) nicht getroffen werden. Alle Angriffe werden wenige Millimeter vor dem eigentlichen Ziel abgestoppt.
So hat sich Karate heute (neben Judo) zu der bekanntesten Form der waffenlosen Selbstverteidigung auf der ganzen Welt entwickelt. Es wird in Deutschland seit 1957 (von Jürgen Seydel eingeführt) praktiziert.

„Im Sport gibt es das Element der Zeit,
in den Kampfkünsten gibt es nur den
Augenblick.
Es gibt keine Wartezeit ...
Sieg oder Nicht-Sieg,
Leben oder Nicht-Leben?
Das entscheidet sich in einem Augenblick.
In ihm entscheiden sich Leben und Tod
ganz und gar."

Zen-Meister Taisen Deshimaru, Roshi.

Ursprung,
Geschichte und Weiterentwicklung des Karate

Zu diesem historischen Themenkreis soll in diesem Fachwort-Lexikon nicht näher eingegangen werden. Wir verzichten daher auf eine ausführliche Beschreibung, da die näheren Einzelheiten über die Entwicklung des Karatesportes von den Ur-Anfängen bis in die heutige Zeit in jedem guten Karatefachbuch nachzulesen sind.

Trotzdem können einige wichtige Daten dem Lexikon selbst entnommen werden. Auch der Beitrag über die chronologische Entwicklung des Karate in diesem Buch gibt einige interessante Hinweise.

Die chronologische Entwicklung des Karate von den Ur-Anfängen bis 1986

Indien/China
2600 v. Chr. Die ersten unbewaffneten Zweikampf-Künste und Selbstverteidigungstechniken entwickeln sich in Indien.

525 n. Chr. Der buddhistische Mönch und 1. Patriarch den Zen J. Daruma Taishi (in China genannt Bodhidharma) ging von Indien nach China um dort die Zen-Meditation mit einer Art Karatetraining zu verbinden. Er schuf die Ur-Form des Karate.

Ryu-kyu-Inseln/Okinawa
1430 General Sho Hashi wird Herrscher der japanischen Ryu-kyu-Inseln (Hauptinsel Okinawa). Er verbietet der Bevölkerung alle Waffen. Diese jedoch improvisieren mit Gegenständen des täglichen Gebrauchs ein bewaffnetes und unbewaffnetes Selbstverteidigungssystem.

1480 Kämpfer von Okinawa reisen nach China, um dort chinesisches Boxen zu studieren.

1650 Der Satsuma-Clan von Kyushu (süd-jap. Insel) wird Herrscher von Okinawa und erneuert das Waffen-Verbot.

1690 Shimazu Iehisa, ein japanischer Fürst von Kyushu, erobert Okinawa und erläßt einen neuen Waffen-Erlaß. Der bewaffnete und unbewaffnete Zweikampf, mit Einflüssen aus China, wird weiter praktiziert.

1705 Der Box-Meister Sakugawa von Okinawa reist ebenfalls nach China um chinesisches Boxen zu studieren und seine Kenntnisse später seinen Landsleuten zu vermitteln.

1785 Nun reisen auch chinesische Studenten mit ihrem Meister Kwang-Shang-fu (Ko Sho-kun) nach Okinawa, um dort den chinesischen Faustkampf weiter zu verbreiten.

1805 Der berühmte Faust- und Fußkämpfer Soshu Matsumura wird geboren.

1827 Der berühmte Faust- und Fußkämpfer Anko Azato wird geboren.

1830 Der berühmte Faust- und Fußkämpfer Anko Itosu wird geboren.

1852 Der berühmte Faust- und Fußkämpfer Kanryo Higaonna wird geboren.
1871 Gichin Funakoshi, der spätere Begründer des modernen Karate der heutigen Zeit, wird geboren.
1889 Kenwa Mabuni wird geboren.
1905 Gichin Funakoshi stellt Karate der Öffentlichkeit vor.
1906 Anko Azato stirbt.
1915 Anko Itosu und Kanryo Higaonna sterben.

Japan
1916 Gichin Funakoshi demonstriert sein Karate erstmals vor dem Butokuden (siehe dort) in Kyoto/Japan.
1922 Gichin Funakoshi stellt Karate auf der „First National Sports-Exhibition" in Tokyo vor.
Er veröffentlicht sein Buch „Ryukyu-Kempo, Karate".
Er eröffnet die Shotokan-ryu (-Schule).
1924 Gichin Funakoshi gründet den ältesten Karate-Club der Welt innerhalb der Keio-Universität in Tokyo.
1934 Chojun Miyagi reist nach Hawaii, um dort sein Goju-ryu-Karate zu lehren.
Kenwa Mabuni eröffnet in Osaka den Yoshukan und lehrt sein Shito-ryu-Karate.
1935 Gichin Funakoshi veröffentlicht sein Buch „Karate-Do, Instruction-Manual".
1952 Kenwa Mabuni stirbt.
1953 Chojun Miyagi stirbt.
1955 Gründung der Japan-Karate-Association.
1957 Gichin Funakoshi stirbt.
Sein geister Erbe wird Masatoshi Nakayama, Chef-Instructor der Japan-Karate-Association.
1964 Aus Anlaß der Olympischen Sommerspiele in Tokyo und auf Betreiben des jap. Erziehungsministeriums schließen sich die großen japanischen Karate-Richtungen zu einem Hauptverband (dem Zen-Nippon-Karate-Do-Renmei) zusammen.
1970 Die ersten Karate-Weltmeisterschaften werden in Tokyo abgehalten.

Deutschland
1957 In Bad Homburg v.d.H., in der Nähe von Frankfurt/M., wird die erste „Karate-Lehrgruppe" von Jürgen Seydel (vom Judo kommend) gegründet.
Seine Grundkenntnisse holt sich Jürgen Seydel auf Lehrgängen in Süd-Frankreich bei Hiro Mochizuki.
Noch lächelt die breite Öffentlichkeit über diesen neuen Sport.
1958 Die ersten Karate-Fachlehrgänge werden im Waldschwimmbad (Forellenteich) in Dornholzhausen bei Bad Homburg v.d.H. abgehalten.
Der erste japanische Karatemeister, Tetsuji Murakami, trift in Bad Homburg v.d.H. zu einem Lehrgang ein.
1959 Jürgen Seydel bringt dem amerikanischen Rock-Idol Elvis Presley Karate bei, als dieser anläßlich seines Wehrdienstes in Bad Nauheim weilt.

1961 Zweiter Karate-Sommerlehrgang unter Leitung von Tetsuj Murakami in Bad Homburg v.d.H.
Jürgen Seydel gibt sein dreiteiliges Karate-Lehrbuch heraus.
Der Deutsche Karate-Bund wird gegründet.

Abb. 3: Gruppen-training auf der Wiese des Wald-schwimmbades in Bad Homburg/Dorn-holzhausen im Juli 1961. Technik: Zen-kutsu-dachi mit Sote-ude-uke.

1964 Der erste 6tägige Ausbilder-Lehrgang findet statt.
Daran schließen sich die ersten Deutschen Karate-Meisterschaften an (ein Kata-Shiai, da für den freien Kampf des Kumite-Shiai noch die geschulten Kampfrichter fehlen).

1965 Die Japan-Karate-Association schickt 4 ihrer „ganz Großen" (die Meister Kase, Kanazawa, Enoeda und Shirai) nach Deutschland zur Ausbildung der ersten DKB-Trainer.
Vier deutsche Ausbilder erhalten den schwarzen Gürtel.
Die 2. Deutschen Karate-Meisterschaften finden in Bad Godesberg statt.
Das Karate in Deutschland wird offiziell von Japan anerkannt.
Der Deutsche Judo-Bund gründet eine eigene Karate-Sektion.
Das internationale US-Magazin Black Belt ehrt Jürgen Seydel im Oktober 1965 mit einem mehrseitigen Artikel unter dem Titel „Karate grows in Germany".

1966 1. offizielle Deutsche Karate-Einzel- und Mannschafts-Meisterschaften des DJB in Schweinfurt.
Yutaka Toyama, 5. Dan, wird Trainer im DJB.

1969 DKB-Bundestrainer Kanazawa geht nach Japan zurück. An seine Stelle tritt Hideo Ochi, der erfolgreichste Kämpfer der beiden letzten japanischen Karate-Meisterschaften.

1970 Die Karate-Europameisterschaften werden erstmals in Deutschland (Hamburg) ausgetragen.

1974 Die Sektion Karate im DJB führt die ersten Lehrer-Prüfungen durch.

1975 Austragung der ersten Deutschen Karate-Junioren-Meisterschaften in Mayen.

1977 Die Deutsche Karate-Union (DKU) wird gegründet.

1985 Der Deutsche Karate-Bund (DKB) hat inzwischen rund 60.000 Mitglieder in 11 Landesverbänden und 1.100 Dojo organisiert.

1986 Das Karate-Bundesleistungs-Zentrum wird in Bottrop eingeweiht.
Am 27. 7. 1986 feiert der DKB als größter Mitgliederverband innerhalb des Deutschen Karate-Verbandes sein 25jähriges Bestehen.

Deutscher Karate-Bund

von Manfred Grichnik

Aber wer war dieser 1917 im Rheinland geborene Jürgen Seydel? War er die Verkörperung jener Selbstverteidigung, die man als die härteste der Welt bezeichnete, nachdem das veraltete Jiu-Jitsu unter dem Deutschen Judo-Bund durch Karate an Bedeutung zu verlieren schien?

Wie war es möglich, eine kleine Gruppe von Schülern, die in Deutschland verstreut war, zusammenzuhalten, sie für die Kampfkunst zu begeistern? Hatte er die Ausstrahlung eines Gurus?

Widerstandskämpfer im Dritten Reich

Das Bild, das man bei flüchtiger Betrachtung vom ihm zeichnen würde, wäre bestimmt unzutreffend.

Den Krieg machte Jürgen Seydel als Funker, Flieger, Dolmetscher (englisch, französisch, russisch) und

Der Begründer des DKB

Jürgen Seydel: 1957 führte er Karate – eine moderne, waffenlose Selbstverteidigung – in Deutschland ein; auf seine Iniative wurde 1961 der Deutsche Karate Bund (DKB) gegründet. Da jegliche Literatur fehlte, schrieb er das erste Karate-Lehrbuch in deutscher Sprache und übersetzte das Lehrbuch „Karate-Do" von dem japanischen Großmeister Nakayama, der ihn für den Aufbau des Karate in der Bundesrepublik zum 3. Dan graduierte; die Japan Karate Association (J.K.A.) verlieh ihm die Ehrenmitgliedschaft, der DKB ernannte ihn zum Ehrenpräsidenten. Von 1961 bis 1968 war er Technischer Leiter und zeitweiliger Präsident des DKB; der Bundesvorstand trug ihm schließlich 1969 das Amt eines hauptamtlichen Geschäftsführers an, das er bis 1978 innehatte.

Abb. 4: Jürgen Seydel mit Yoko-geri-gekomi (Demonstration während des Karate-Lehrganges im Juli 1961 in Bad Homburg v.d.H.).

Sonderausbilder mit. Studienverbot, Rangverlust und Gefängnis waren die Tribute, die er als Widerstandskämpfer im Dritten Reich zahlen mußte. Nach beendetem Studium arbeitete er als Graphiker, Redakteur und Schriftsteller. Er schrieb zahlreiche Aufsätze, Erzählungen und Essays sowie Fachabhandlungen über Judo und Karate für Zeitungen und Zeitschriften. .

Es begann mit einem Lehrbuch

Seine ersten Karateausbilder waren der Vietnamese Hoang Nam, der Japaner Murakami und der japanische Großmeister Mochizuki.

Jürgen Seydel: ,,Als ich mit Karate anfing, besaß ich ein Lehrbuch, das – wie ich später festellen mußte – genauso unbrauchbar war wie eine mittelalterliche Seekarte für die Admiralität der britischen Marine. Wir haben Fehler über Fehler gemacht, mußten nach jedem Lehrgang Streichungen und Verbesserungen vornehmen und erlebten eine Panne nach der anderen. Ich weiß seitdem, wie wichtig ein gutes Lehrbuch ist.

Im Vorwort zu seinem Karate-Lehrbuch, daß fremdartig und nicht alltäglich ist, sagt er: ,,Ich gestehe, daß mir der Begriff ,,Lehrbuch" unsympatisch ist – er verbindet sich mit der Vorstellung erhobener Zeigefinger und langweiliger Tabellen. Wenn es Ihnen ähnlich geht, sind wir uns im Grunde bereits einig. Zunächst machen wir es uns einmal ganz gemütlich, rücken die Sessel an den Clubtisch und – selbstverständlich, Sie dürfen mir ruhig ein Glas einschenken."

,,Freiluftkarate"

Anfänge in Bad Homburg vor der Höhe. Die ersten Wochenkurse fanden in den Jahren 1958, 1959 und 1960 im Waldschwimmbad in Dornholzhausen bei Bad Homburg im Taunus statt. Da für Karate keine Matten benötigt wurden, waren die Wiesen des ruhigen und still gelegenen Waldbades ideale Übungsplätze.

Die meisten Karateschüler kamen

Abb. 5: der erste (!) Vorstand des Deutschen Karate-Bundes am 27. 7. 1961, dem Tag seiner Gründung. Von links: Jürgen Seydel (Techn. Leiter), Tetsuji Murakami, Heinz Kremer (Kassenwart), Manfred Grichnik (Vize-Präsident und Geschäftsführer) und Kurt Weintz (Präsident).

Abb. 6: Ausbildergruppe mit Jürgen Seydel 1963 in Bad Godesberg. Von links: Hellmut Kiowsky, Sieglinde Spazier, Manfred Grube, Hans-Dieter Rauscher, Manfred Grichnik, Heinz Kremer und Werner Popp.

aus dem Lager der Judosportler. Für sie waren Jiu-Jitsu und das daraus entwickelte Judo der Inbegriff raffinierter Selbstverteidigung und Kampftechnik. Sollte Karate der Superlativ, die höchste Steigerung darstellen?

„Gefahrlos aber hart u. mitreißend"

Der Unterricht bei Jürgen Seydel war gründlich – gefahrlos zwar, aber hart und mitreißend. Die Teilnehmer waren jedesmal hell begeistert und fuhren mit dem Gefühl nach Hause, viel gelernt zu haben. Sie gründeten Gruppen mit Gleichgesinnten, und so entstanden von Flensburg bis München und in West-Berlin Vereine und Abteilungen (Dojo genannt), die zwar selbstständig arbeiteten, aber in der Gründungsphase doch ständig betreut werden mußten.

„Spiritus rector des DKB"

Die Tatsache, daß Seydel ein scharfer Denker war, seine Gedanken gut und schnell zu formulieren verstand, und daß er außerdem ein exzellenter Karatelehrer war, machte ihn zum spiritus rector des DKB.

Seine Art, mit Sportkameraden zu sprechen und zu korrespondieren, charakterisieren die Zeilen aus einem Rundbrief an die Mitglieder: „Wenn Ihr technische oder organisatorische Fragen habt, so schreibt ungezwungen. Ich begrüße auch jeden persönlichen Kontakt, der sich auf Grund unserer Bekanntschaft ergibt – mir ist der gesunde formlose Brief lieber als das „offizielle" Schreiben, wie es in Vereinen und Organisationen leider Mode ist. Wie Ihr in Bad Homburg sicher schon festgestellt habt, bin ich mit allen Kameraden meiner Schule per Du – ohne daß Disziplin oder Autorität jemals darunter gelitten haben."

Karatebund wächst trotz Hindernisse

Die Gründung eines deutschen Karatebundes – von der Japan Karate

Abb. 7: Spitzenlehrgang im April 1965 in Bad Godesberg. Von links: die Ausbilder Shirai, Enoeda, Kanazawa und Kase. Vorne: Grichnik und Seydel.

Assiociation autorisiert – wurde schneller realisiert als alle erwartet hatten, weil der Judobund in vier Jahren von 1957 bis 1961 trotz starker Bemühungen der Karatesportler keine Schritte unternommen hatte, die zu einem Zusammenschluß und zu einer Fortentwicklung geführt hätten.

Intensive Öffentlichkeitsarbeit des Vorstandes korrigierte verzerrtes Karatebild

Die internationale Budo-Zeitschrift „Black Belt" ehrte Jürgen Seydel im Oktober 1965 durch einen mehrseitigen Bildbericht unter dem Titel „Karate grows in Germany", Karate wächst in Deutschland. Aber das, was die öffentlichen Medien in Deutschland über Karate berichteten, entsprach nicht immer dem, was Karate wirklich ausmacht. Oft hatten unseriöse Schulen ihre Finger im Spiel: Das die kommerziellen und finanzstarken Schulen von einer aus den USA importierten Show-Welle, dem „Karate-Totschläger-Boom", profitierten und mit Macht für ein einträgliches Geschäft Reklame machten, hatte zu einer völligen Verzeichung, zu einem erschreckendem Mißverständnis dieses Kampfsportes geführt. Der Spiegel schrieb von Haßbanden in New Yorker U-Bahnen, „die in Judo und dem asiatischen Schlägersport Karate ausgebildet wurden." Aber damit mußte der Vorstand des Karatebundes fertig werden, und ihm gelang es auch, durch intensive Öffentlichkeitsarbeit das Bild über Karate zu korrigieren. Neue Verbände, Clubs und Schulen schossen wie Pilze aus dem Boden. Jeder behauptete, der wahre Jakob zu sein, mehr bieten zu können.

Kase, Kanazawa, Enoeda und Shirai in Deutschland

1965 war ein Jahr, das in die Geschichte des Karatebundes einging: Vier Top-Ausbilder der Japan Karate Association, Kase, 6. Dan, Enoeda, 5. Dan, Kanazawa, 5. Dan und Shirai, 4. Dan, besuchten auf ihrer Europa-Tournee den DKB; sie unterrichteten eine Woche lang die deutschen Ausbilder und demonstrierten Karate auf den Deutschen Meisterschaften in Bad Godesberg.

Konfrontation mit dem Judobund

Der Karatebund wurde im selben Jahr auch mit einer Realität konfrontiert: Acht von fünfzig Dojo verließen nach massiven Druck, den der Judobund ausgeübt hatte, den DKB. Dieser Umstand führte nicht zur Schwächung des Verbandes, sondern bewirkte das Gegenteil.

Bis zum heutigen Tag

Inzwischen hat der Deutsche Sportbund „Karate" in der Organisationsform des Deutschen Karate-Verbandes als Dachverband anerkannt. Dieser Bundesverband zählt heute 60.000 Mitglieder, die in 11 Landesverbänden und 1.100 Dojo organisiert sind. Titel bei Europa- und Weltmeisterschaften (Vizemeister) sind das Verdienst des japanischen Bundestrainers Hideo Ochi. 1986 wurde in Bottrop das Bundesleistungszentrum eingeweiht. Und am 27. Juli 1986 feiert der DKB (größter Mitgliederverband im DKV) als erster Fachverband in der Bundesrepublik sein 25jähriges Jubiläum.

Dank an Jürgen Seydel

Jene Führungsleute und deren Vorgänger, die den Deutschen Karate-Verband zu den sportlichen Erfolgen und zur Prosperität verhalfen, gehörten zu der kleinen Gruppe der damals in Deutschland verstreuten Seydel-Schüler. Selbst wenn der Begründer des Karate in unserem Land, Jürgen Seydel, der um die Existenz des Karatebundes gekämpft hatte, heute nicht mehr wie früher im Gespräch ist, wird er in die Geschichte des Karate in Deutschland, was immer seine Nachfolger im „Sportkarate" an Erfolgen buchen werden, an erster Stelle als derjenige eingehen, der die realistische Form dieser Kampfkunst, das traditionelle Karate, mit ihren erzieherischen Werten verbreitete, wie sie Gichin Funakoshi, der Vater des Karate in Japan, gelehrt hat.

Abb. 8: Spitzenlehrgang 1965 in Bad Godesberg (1. Kyugrad-Gruppe), von links: Shirai, Grichnik, Grosche, Rauscher und Pflüger.

17

Eine kleine Einführung
in die japanische Karate-Fachsprache

Die japanischen Bezeichnungen der Karate-Fachausdrücke werden benutzt:

a) weil im Karate keine einheitlichen und genau bezeichnenden deutschen Worte vorhanden sind;

b) weil die japanische Karate-Fachsprache auf allen Kursen, Lehrgängen, Gürtelprüfungen und auf Meisterschaften gebraucht wird;

c) weil sie auf der ganzen Welt verwendet wird; also international verständlich ist;

d) weil sich damit alle Karate-Sportler, ganz gleich welcher Nationalität untereinander verständigen können;

e) weil auch die Kampfrichter-Sprache sich der japanischen Ausdrücke bedient.

Alle Silben werden im Japanischen gleich stark betont. Alle Selbstlaute (a, e, i, o, u) werden einzeln also jeder für sich ausgesprochen. Man unterscheidet zwischen langen und kurzen Vokal-Lauten. Treffen zwei Vokale zusammen, so sind sie getrennt auszusprechen, z.B. Osae = Osa-e, oder Mae-geri = ma-e geri. Die Mitlaute werden ausgesprochen, wie man sie schreibt. Ausnahmen sind:

sh = sch (ashi, sprich „aschi" = Fuß),
z = s (waza, sprich „wasa" = Kunst oder Gruppe),
ch = tsch (uchi, sprich „utschi" = innen),
s = ß (soto, sprich „ßoto" = außen),
j = djsch (Judo, sprich „Djschudo", „sch" kaum hörbar),
y = j (yoko, sprich „joko" = Seite, seitlich).

Oft verändert sich in der japanischen Sprache bei Wortzusammensetzungen der erste Buchstabe des zweiten oder dritten Wortes.

Man sagt z.B. nicht...

De-ashi-harai
Nur am Anfang des Wortes heißt es H, wie Harai-goshi – in der Mitte einer Wortfolge jedoch B, wie z.B. Gedan-barai. Das gleiche gilt für G und K. Am Wortanfang heißt es K, wie bei Koshi-guruma, innerhalb einer Wortfolge aber G, wie bei Uki-goshi.

Es verändert sich also der erste Buchstabe des zweiten Wortes. Ganz besonders tritt diese Regel auf bei dem vielgebrauchten Wort Tsuki (= stoßen, Stoß). Am Anfang schreibt man Tsuki mit „Ts", aber in der Wortzusammensetzung mit „z", wie z.B. bei Oi-zuki oder bei Gedan-zuki.

本書が愛好者各位の、習得上の参考になれば幸いです。

なお、全日本空手道連盟専務理事であり、中央技術本部長の高木房次郎先輩、並びに日本太極拳の最高権威者である、揚名時先生より、御推薦の言葉を賜り

So wird also aus Ts	der Buchstabe	z	Tsuki/zuki
aus K	der Buchstabe	g	Koshi/goshi
aus T	der Buchstabe	d	Tachi/dachi

Etwas komplizierter wird es bei der Zusammensetzung des Wortes Ichi (= eins): so wird aus Ichi und Hon das neue Wort Ippon (= ein Punkt) und aus Ichi und Kyu wird Ikkyu (= erster Schülergrad).

Man sagt auch nicht...

Kimono
für die Bezeichnung des Judo- oder Karate-Anzuges. Kimono ist die jap. Hauskleidung; Judogi oder Karategi jedoch der Übungs- oder Kampf-Anzug.

Karatekas, Katas, Dojos usw.
Der Japaner kennt keine Mehrzahlbildung durch die Anhängung eines „s" in unserem Sinne. Dieses „s" kann also in jedem Falle weggelassen werden, wie z. B. der Karateka, die Karateka.

Gelegentlich trifft man bei einem japanischen Begriff auf zwei oder drei unterschiedliche Schreibweisen, z. B. Hizi oder Hiji, für Ellenbogen. Das kommt durch die Unregelmäßigkeit in der japanischen Aussprache und durch die verschiedenen Latinisierungs-Systeme (Hepburn, Kunrei, Romaji).

Die Umschreibung der japanischen Zeichenschrift mit lateinischen Buchstaben basiert auf der englischen Phonetik.

Der japanische Akzent ist im Gegensatz zum deutschen kein rhythmischer, sondern ein melodischer, d. h. er ist nur sehr schwach hörbar. Am besten bemüht man sich, die Wörter und Begriffe ganz gleichmäßig auszusprechen, z. B. To-kyo (kyo bildet einen Laut), nicht Toky-o. Auch bei der Aussprache des Wortes „Karate" werden alle Silben gleich-stark betont. Es heißt also weder Karáte noch Karaté.

In manchen Silben wird das „u" kaum betont oder sogar vollkommen verschluckt, wie z. B. bei den Wörtern Oi-zuki = sprich O-i-z'ki oder Sumo = sprich S'mo.

Wortzusammensetzungen

Wie unsere Sprache kennt auch das Japanische die Substantive (Hauptworte) und die Verben (Tätigkeitsworte). Zu den Substantiven gehören meist die Körperteile, wie z.B. Ashi (= Bein, Fuß), Te (= Hand), Empi (= Ellenbogen) usw. Zu den Verben gehören die Begriffe wie z.B. Tachi (= stehen), Tobi (= fliegen), Age (= heben) usw.

Die Verben enden in der Regel auf -i oder auf -e.

Die Verben können nun im Japanischen ohne Probleme miteinander verbunden werden, wie z.B. tobi-geri (= fliegen/treten) oder age-uke (= heben/abwehren). Jedoch werden auch die Verben und die Substantive miteinander verbunden, wie z.B. Hara-kiri (= Bauch/schneiden) oder Haishu-uke (= Handrücken/abwehren) usw.

Auch die Wörter, die eine Bewegungsrichtung angeben, wie z.B. uchi (= innen), soto (= außen) oder ushiro (= hinten) lassen sich mit Substantiven und Verben miteinander verbinden. So entstehen dann zusammengesetzte Bezeichnungen für einzelne Karate-Techniken wie Uchi-ashi-barai (= innen/Bein/fegen), Soto-ude-uke (= außen/Ärmel/abwehren) oder Ushiro-hiji-ate (= hinten/Ellenbogen/schlagen) usw.

Schwierig mit der Übersetzung oder Erklärung japanischer Begriffe wird es erst dann, wenn diese aus dem Chinesischen übernommen wurden, was sehr oft der Fall ist. So stammen z.B. die Bezeichnungen fast aller Kata und die der einzelnen Stellungen (Zenkutsu-dachi) aus dem chinesischen Sprachbereich.

Daher führen auch die chinesischen Entlehnungen dazu, daß es für viele Begriffe zwei oder mehr unterschiedliche Bezeichnungen gibt. So läßt sich der Begriff „Mitte" durch das rein japanische Wort „Naka" wiedergeben als auch durch „Chu" (wie z.B. in Chudan), das chinesischen Ursprungs ist. Auch Körper bedeutet japanisch „Karada", chinesisch aber „Tai"; ein Begriff, der in vielen Karate-Fachwörtern anzutreffen ist.

Schwierig wird es auch, wenn man weiß, daß viele japanische Begriffe, wie z.B. „Koshi" nicht nur „Hüfte" bedeutet, sondern noch unzählige andere Bedeutungen hat, so u.a. Kreuz, absterben, Photon, anwenden, der Gesandte, der Anfang, das Gewitter, weiße Zähne usw. Und erst durch das Studium der japanischen Schriftzeichen (Kanji) ist die genaue Definition zu erkennen.

Aber damit wollen wir uns hier in diesem Fachwort-Lexikon nicht belasten. Und wir wollen die verschiedenen Eigenarten der japanischen Sprache nicht zu ernst nehmen (das tut auch der Japaner nicht), sonst verlieren wir den eigentlichen Sport aus den Augen.

KARATE FACHWORT LEXIKON

A

Abb. 9: Age-uke, Faustabwehr nach oben.

Age (jap.): nach oben, heben, anheben.

Age-empi/enpi (jap.): Ellenbogen-Angriff, Aufwärtsschlag gegen das Kinn.

Age-hiji-ate (jap.): Ellenbogen-Angriff, -schlag nach oben.

Age-oshi (jap.): Kinn zurückdrücken.

Ageru (jap.): hochheben, erheben.

Age-uchi (jap.): Faustangriff nach oben, aufsteigender Stoß, Schlag.

Age-uke (jap.): Faustabwehr nach oben, zum Kinn, Abwehr obere Stufe.

Age-uke-gyaku-zuki (jap.): Abwehr obere Stufe mit Gegenangriff Gyaku-zuki.

Age-uke-shubo-uchi (jap.): Aufwärtsblock, Stockhand.

Age-zuki (jap.): Stoß gegen den Kopf, aufsteigender Stoß.

Ago (jap.): Kinn

Ago-hiji-ate (jap.): Ellenbogen-Angriff gegen das Kinn.

Ago-ochi (jap.): Druck gegen das Kinn.

Ago-uchi (jap.): Aufwärts-Kinnhaken.

Agura (jap.): lockerer, gelöster Sitz, ähnlich dem westlichen „Schneidersitz", mit vor dem Körper gekreuzten Beinen.
Auch Agura-wo-kaku genannt.

Ahimsa (jap.): Grundsatz des „Nicht-verletzens" aus der buddhistischen Ethik; die Achtung vor dem Leben von Freund und Feind.

Ai (jap.): Prinzip der Harmonie und Integration.

Aida (jap.): Distanz, Abstand.

Ai-hanmi (jap.): symmetrische Stellung.

Ai-ire-so-Kuatsu (jap.): Wiederbelebungsgriffe.
Siehe auch unter Kuatsu.

Aikido (jap.): „Weg der göttlichen Harmonie". Devensive, moderne japanische Selbstverteidigung ohne Waffen; Begründer: Morihei Uyeshiba. Ai = Harmonie, Ki = Geist und Kraft, Do = Weg, Grundsatz, philosophisches Prinzip.
Dem Angreifer wird kein Widerstand entgegengesetzt, durch Ausweichen und Nachgeben werden Stoß oder Zug über den Schwerpunkt des Angreifers hinaus weitergeführt.

Abb. 10: jap. Zeichen für Aikido und Aikido-Wurftechnik.

Ainu (jap.): Ur-Einwohner Japans, rassisch und sprachlich isoliertes Volk, Nachfolger der Kumaso, früher auf Süd-Kyushu (Insel) ansässig, heute auf Hokkaido (Insel) lebend, ca. 17.000 Menschen (auch Emishi genannt).

Aite (jap.): Partner oder Gegner im Wettkampf.

Aite-no-tsukuri (jap.): das „öffnen" des Gegners, um einen Angriff zu starten.

Ai-uchi (jap.): gleichzeitiger (wertbarer) Angriff beider Kämpfer.
Bedeutet auch: Unentschieden, keine Punkt-Vergabe.

Aka (jap.): rot.

Aka (shiro)-no-kachi (jap.): „Sieg für Rot (Weiß)"!; aus den Wettkampf-Regeln.

Aka-obi (jap.): roter Gürtel, 9.–10. Dangrad.

Aka (shiro)-waza-ari (jap.): „Rot (Weiß) erhält einen halben Punkt"!; aus den Wettkampf-Regeln.

Akiresuken (jap.): Achillessehne.
Siehe auch unter Tendon.

Akupressur: Teil jahrtausendealter chinesischer Volksmedizin; durch Finger- und Hand-Druck auf bestimmte Punkte und Meridiane des menschlichen Körpers werden innere Organe positiv beeinflußt; Acus = Punkt, pressare = pressen (lateinisch); siehe auch unter „Akupunktur".

Akupunktur: ca. 4000 Jahre alte chinesische Heilmethode der Belebung, Beruhigung und Neutralisation (auch Schmerzstillung) durch Nadelstiche auf bestimmte Punkte des menschlichen Körpers.

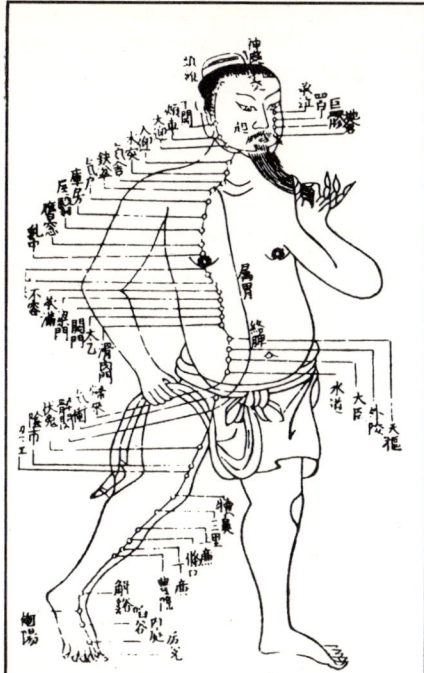

Abb. 11: Die ältesten Lehrbücher der Akupunktur, aus der die Akupressur sich entwickelt hat, sind 2000 Jahre alt (hier die Darstellung eines bestimmten Meridians und seiner Hauptpunkte). Als Erfinder der Akupunktur gilt der legendenumwobene „Gelbe Kaiser" Huang-ti, der rund 2600 Jahre vor unserer Zeitrechnung gelebt haben soll.

Amaterasu (jap.): japanische Göttin der Sonne.

An (jap.): innen, von innen, Innenseite.

Ana (jap.): Schnur- oder Ketten-Befestigung (Einlaß, Verankerung) am Nunchaku (siehe dort).

Ananku (jap.): Name eines chinesischen Karatemeisters, der lange auf der jap. Insel Okinawa (siehe dort) lebte.
Bedeutet auch: Nach ihm benannte Kata des Matsubayashi-Stiles im Shorin-ryu-Karate.

Antei (jap.): Balance, Stabilität.

Anuro (jap.): sich selbst nach innen bewegen; von außen nach innen.

Anza (jap.): sitzende Position, ähnlich dem Lotos-Sitz (siehe dort).

Aoiro-obi (jap.): blauer Gürtel, 2. Kyugrad = Ni-Kyu.

Arigato (jap.): „Danke"!

Aruku (jap.): Gehschule, richtiges Gehen.

Asahi (jap.): aufgehende Sonne; Japan gilt als Land der aufgehenden Sonne, der Osten.

Ashi (jap.): Fuß oder Bein, Schrittfolge.

Chokyori-kyoso	= Langstreckenlauf,
Ko-ashi	= kleiner Schritt,
Nuki-ashi	= lautloser Schritt,
O-ashi	= großer Schritt,
Suri-ashi	= gleitender Schritt,
Tobi-ashi	= fliegender Schritt,
Wari-ashi	= sich anpassender Schritt,
Yoko-aruki	= seitliches Gehen.

Ashi-ate (jap.): Angriffe mit dem Fuß oder Bein (Schienbein).

Ashi-ate-waza (jap.): Gruppe der Bein- und Fuß-Schlag-Techniken.

Ashi-barai (jap.): Fußfeger, Fußfegen, Fußwegfegen.
Auch De-ashi-barai genannt.

Ashi-barai-uke (jap.): Fußfege-Abwehrblock (identisch mit De-ashi-barai).

Ashi-dori (jap.): ergreifen des Beines.

Ashibo-kake-uke (jap.): Bein-Haken-Abwehr.

Ashi-fumikae (jap.): Beinwechsel.

Ashi-fumikomi (jap.): mit dem Fuß oder Bein hineinspringen.

Ashi-gatana (jap.): Fußsäbel, Schwertfuß, Fußkante.

Ashi-geri (jap.): altertümliche (veraltete) japanische Kampfkunst; kam ursprünglich aus China.

Ashi-kubi (jap.): Knöchel.

Ashi-kubi-kake-uke (jap.): Haken-Abwehr mit dem Fußgelenk.

Ashi-no-hira-uke (jap.): Abwehr mit der Fußsohle.

Ashi-no-ko (jap.): Eintritt, Eingang in eine Kampftechnik.
Bedeutet auch: Fußspann, Fußrist.

Ashi-no-tachi (jap.): Grundstellung.

Ashi-no-tachi-Kata (jap.): verschiedene Formen, die Füße richtig zu stellen.

Ashi-no-ura (jap.): Fußsohle.
Siehe auch unter Ashi-ura.

Ashi-no-yubi (jap.): Fußzehe.

Ashi-uke (jap.): Abwehr mit dem Fuß (Bein, Schienbein).

Ashi-ura (jap.): Fußstellung.
Bedeutet auch: Fußsohle.

Ashi-sabaki (jap.): Fußarbeit, Bewegung der Füße.

Ashi-sukui-age (jap.): Beinschaufel, aufwärts.

Ashi-uru (jap.): Fußballen.
Siehe auch unter Chusoko.

Ashi-waza (jap.): Gruppe sämtlicher Fuß- und Bein-Wurftechniken.

Ashi-zoko (jap.): Fußsohle.

Asuka-Periode (jap.): 158 Jahre dauernder Zeitraum der japanischen Frühgeschichte. Um 552 n. Chr. Einführung des Buddhismus in Japan.

Atama (jap.): Kopf oder Scheitel.

Atama-ushiro-uchi (jap.): rückwärtiger Kopfschlag.

Atama-yoko-uchi (jap.): seitlicher Kopfschlag.
Siehe auch unter Taiso.

Atata-meru (jap.): Aufwärm-Übungen, Gymnastik.

Ate (jap.): Schlag, schlagen.

Ateji (jap.): alte japanische Methode, westliche Begriffe oder Namen mit Hilfe von früheren uralten chinesischen Begriffszeichen (Ideogramme) auszudrücken.
Nach dem Zerlegen der einzelnen Silben in japanische Laute, wird jeder Silbe ein Ideogramm zugewiesen, das dem Klang dieser Silbe entspricht. Da jedes Begriffszeichen außerdem noch eine andere Bedeutung hat, entstehen aus den Ateji-Zeichen (= kanji) neue, oft poesievolle Wortverbindungen.

Atemi (jap.): wörtlich „anrempeln". Bewußtlos mit einem Schlag.

Atemi-te (jap.): die Kunst, den Gegner durch Druck, Schlag oder Stoß auf lebenswichtige Nervenpunkte des menschlichen Körpers zu lähmen bzw. kampfunfähig zu machen.
Am bekanntesten sind die folgenden Atemi-Nervenpunkte:
Tendo, am Kopf, wo die Knochen der Hirnschale zusammenstoßen.
Uto, entspricht der Naht zwischen Stirnbein und Nasenbein.
Kasumi, entspricht der Schläfe.
Ninchu, die Stelle unterhalb der Nase.
Kirishita, Shoho und Suigetsu, Nervenpunkte auf der Brust, unter den Rippen.
Denko-mitsuatori, 6. und 9. Rückenwirbel-Knochen.
Inazuma, Bauchteil unterhalb des rechten Rippenbogens.
Tsukikage, Bauchteil unterhalb des linken Rippenbogens.
Myojo, Stelle unterhalb des Nabels.
Tsurigane, die Hoden.
Dokko, die Stelle zwischen Ohr und Unterkiefer.
Shakutaku, Stelle unter der Achselhöhle.

Atemi-waza (jap.): Gruppe sämtlicher gefährlicher Schläge und Stöße auf die vitalen Nervenpunkte des menschlichen Körpers, die starke Schmerzen, Lähmungen oder Bewußtlosigkeit bewirken können.

Ateru (jap.): zielen, treffen, schlagen.

Ate-waza (jap.): Gruppe sämtlicher Hand-Schlagtechniken.
Siehe auch unter Atemi-waza.

Ato-shibaraku (jap.): 30 Sekunden vor Wettkampf-Schluß, noch 30 Sekunden, es bleibt noch etwas Zeit übrig; aus den Wettkampf-Regeln.

Ato-uchi (jap.): vorgetäuschter, verzögerter Schlag.

Au (jap.): Gegenüberstellung, Konfrontation, Begegnung im Kampf. Die Gegner treffen aufeinander.

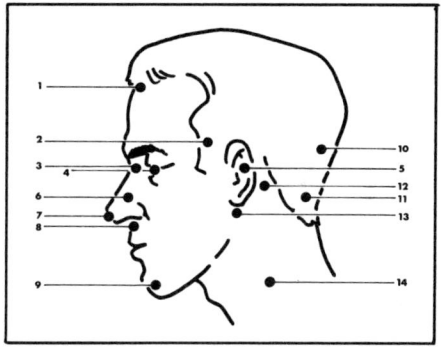

Abb. 12: Ate-waza, die Gruppe der Karate-Schlagtechniken, am Beispiel des menschlichen Kopfes. Angriffspunkte sind:

1. Stirnbein – 2. Schläfe – 3. Nasenwurzel – 4. Auge – 5. äußerer Gehörgang – 6. Ende des Nasenbeins – 7. Nasenspitze – 8. Zahnausläufer des Oberkiefers – 9. Kinnspitze – 10. Wölbung des Hinterhauptknochens – 11. Nackengelenk – 12. warzenförmiger Ausläufer des Schläfenknochens – 13. Vertiefung hinter der Ohrmuschel – 14. Halsschlagader.

Awase (jap.): zusammen.

Awasete (jap.): aufstellen, zusammenfügen, zusammenfassen.
Bedeutet auch: kombiniert.

Awasete-ippon (jap.): Sieger durch 2 Waza-ari. „Das ergibt einen Punkt", z. B. zwei Waza-ari (siehe dort); aus den Wettkampf-Regeln.

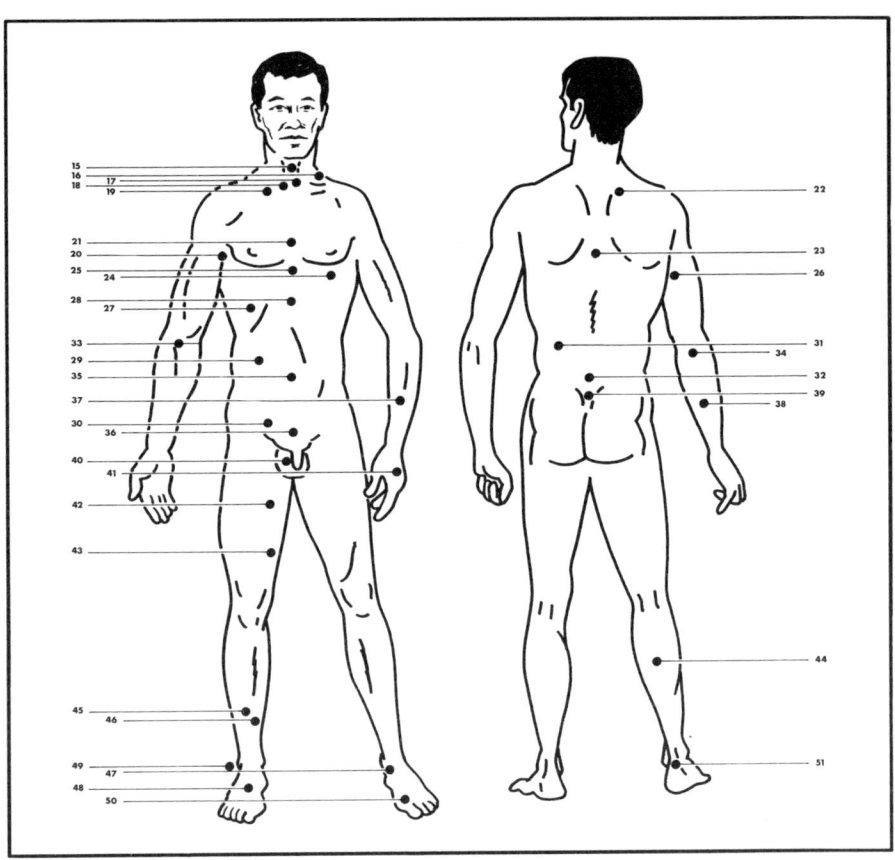

Abb. 13: Ate-waza, die Gruppe der Karate-Schlagtechniken, am Beispiel des menschlichen Körpers. Angriffspunkte sind:

15. Kehlkopf. 16. durch die Trapezmuskel gebildete Erhöhung. 17. Vertiefung oberhalb des Schlüsselbeins. 18. Vertiefung unterhalb des Schlüsselbeins. 19. Schlüsselbein. 20. Achselhöhle. 21. Brustbein. 22. Schulterblattkamm. 23. größte Wölbung der Brustwirbelsäule. 24. Herzspitzengegend. 25. schwertförmiger Ausläufer des Brustbeins. 26. Mittelteil der Nervenstränge des Armes. 27. nicht durch Muskeln gedeckte Rippen. 28. Plexus solaris. 29. Gallenblase. 30. Weichen. 31. Nieren. 32. Stelle der größten Vertiefung der Lendenwirbelsäule. 33. Ellbeuge. 34. rückwärtige Innenseite des Ellbogens. 35. Nabel. 36. Harnblase. 37. Spindelbein. 38. Ellbogenknochen. 39. Kreuzbein. 40. Hoden. 41. Mittelhandknochen. 42. Vertiefung zwischen den Schenkelmuskeln, oberer Teil. 43. Vertiefung zwischen den Schenkelmuskeln, unterer Teil. 44. Wade. 45. Vorderseite des Schienbeins. 46. Innenseite des Schienbeins. 47. innerer Knöchel. 48. Kubischer Knochen. 49. äußerer Knöchel. 50. Grundgelenk der großen Zehe. 51. Achillessehne.
Auf den Zeichnungen sind die gegen Schlag, Stoß, Druck oder Pressung empfindlichen und verwundbaren Stellen dargestellt.

Awase-waza (jap.): kombinierte Techniken.
Bedeutet auch: zusammengefügte (gezählte) Punkte.

Awase-zuki (jap.): Karate-Schlag beidhändig. Doppelschlag, sog. „U"-Stoß.
Siehe auch unter Yama-zuki.

Banzai (jap.): plötzlicher Ausruf „Hoch, Hurra"; „Es lebe der König!"; Jubel, Begeisterung, z. B. nach einem gewonnenen Kampf.

Barai (jap.): kehren, fegen, wegfegen, Bein-weg-fegen.

Basami (jap.): Schere (der Krabbe). Beinschere, Kani-basami = Ansprung-Schere.
Siehe auch unter Hasami.

Abb. 14: Awase-zuki, doppelter (gleichzeitiger) Fauststoß.

Awashite (jap:): kombiniert, zusätzlich, plus.

Ayumi-ashi (jap.): Schritt-laufen, vorwärtsstreben, Gehen, normales Fußgehen.
Bedeutet auch: Marsch.

Abb. 15: Basami = Schere, Kani-basami = Ansprungschere. So sahen Würfe und Griffe früher aus: Zwei Japaner (der frühere Sumoringer Akitaro Ono und Katsukuma Higashi) bei ihrem ersten Jiu-Jitsu/Judo-Training in Deutschland 1903.

Bassai (jap.): „Eindringen in eine Festung", vorstoßen, entzweien. Karate-Kata des Shotokan- und des Shorin-ryu-Stiles von Okinawa.

Bassai-sho (jap.): Karate-Kata für Fortgeschrittene, begründet von Itosu Sensei (der Heiligen Faust des Shuri-Te) und weiterverbreitet von Meister Oyadomari. Darüberhinaus existieren Ausführungs-Variationen in den Schulen bzw. Stilrichtungen der Meister Matsumura und Ishimine. Die Kata Bassai wird (nur in der Itosu-Schule) in die beiden Varianten Dai und Sho aufgeteilt.

Abb. 16: Bo-jutsu-Kämpfer in Aktion.

Baton (engl.): Schlagstock, Nahkampfwaffe der amerikanischen Polizei.

Bikon (jap.): Nasenwurzel, Atemi-Angriffspunkt.

Bikotsutan (jap.): Nasenbeinende, Atemi-Angriffspunkt.

Bisen (jap.): Nasenspitze, Atemi-Angriffspunkt.

Bito (jap.): Nasenrücken, Atemi-Angriffspunkt.

Bo- Stab (jap.): Holzstab aus asiatischem Hartholz, ca. 1,50–1,80 m lang, 2,5–3,5 cm im Durchmesser. Hieb-, Stich- und Schlagwaffe. Relativ leicht im Gewicht und in der Handhabung, mit großer Reichweite. Ausführende Kampfkunst = Bo-jutsu (siehe dort).

Bo-chaku (jap.): Nunchaku mit einem kurzen und einem langen Knüppel, Dreschflegel (chinesisch = Sau-tsa-kuen genannt).

Bodhi (Sanskrit): Erleuchtung. Davon abgeleitet: Buddha.
Siehe auch unter Satori.

Bodhidharma (jap.): indischer Mönch, 28. Nachfolger Buddhas (siehe dort) und erster Patriarch des chinesischen Zen (= Ch'an). Er wurde im 6. Jahrhundert auf Ceylon geboren und gilt als der Begründer des Zen-Buddhismus.
Bodhidharma übte 9 Jahre lang Zazen in den Bergen, lebte u. a. von 520–535 n. Chr. im chinesischen Kloster Shaolin und schuf dort die Urform des heutigen Karate. Er gilt als legendärer Vater des Karate und trug viele Namen, u. a. „Ta-Mo" (chin. Bezeichnung) oder „Daruma" (jap. Bezeichnung).

Abb. 17: Bodhidharma, der legendäre Ur-Vater vieler Kampfkünste.

Bo-furi-kyo (jap.): Techniken des Bo-Stockschlages.

Bogu (jap.): Schutzausrüstung in den asiatischen Kampfkünsten.

Bogu-Kumite (jap.): Sparring, Trainingskampf mit Schutzausrüstung, z. B. Kopf-, Hand-, und Fußschutz u. a.

Bo-gyo (jap.): defensiv, Verteidigung.

Bo-jutsu (jap.): Untergruppe des japanischen Schwertfechtens Kendo (siehe dort), mit 1,50 bis 1,80 m langen Holz-Stöcken (Bo-Stäbe). Ca. 350 verschiedene Arten der Anwendung in genau bestimmten Angriffs- und Abwehrtechniken. – Die Arten des Bo-Stabes:
Maru-Bo = runder Bo-Stab,
Kaku-Bo = Vierkant-Stab,
Rokkaku-Bo = Sechskant-Stab,
Hakkaku-Bo = Achtkant-Stab,
Take-Bo = Bambus-Stab.
– Kontei ist das Ende des Bo-Stabes und Chubon-Bu die Mitte.

Bo-kaiten-kyo (jap.): Techniken des Bo-Stockschwunges.

Bo-Kata (jap.): zeremoniell vorgetragene Vorführung mit dem Bo-Stab.

Bokken (jap.): Holzschwert, säbelförmig, dem japanischen Samurai-schwert nachgebildet. Zwischen 1,20–1,50 m lang. Zu Trainingszwecken im Kendo, Aikido und Ken-jutsu verwendet, Übungsschwert.
Auch Bokuto genannt.

Boko (jap.): Harnblase, Atemi-Angriffspunkt.

Bokuto (jap.): Kendo-Holzschwert. Siehe auch unter Bokken.

Bo-Sai-Kumite (jap.): Waffen-Kata mit Bo-Stab und Sai-Gabel im Isshin-ryu-Karate (siehe jeweils dort), wobei der Bo-Kämpfer angreift und der Sai-Kämpfer verteidigt.

Bo-tsuki-kyo (jap.): Techniken des Bo-Stockstoßes.

Bo-uke (jap.): Abwehr gegen einen Stockangriff.

Bu (jap.): Ritter, Krieger, Samurai. Bedeutet auch: tapfer, militärisch. Bedeutet auch (philosophisch): nicht mehr weiterkämpfen, das Schwert anhalten, aufhören mit dem Kampf. Bedeutet auch: das Rittertum hochschätzen.

Buddha (chin): der Erwachte, der Erweckte, der Erleuchtete; lebte um ca. 500 v. Chr.; Gründer der buddhistisch-asiatischen Religion (Buddhismus).

Buddhismus, asiatische Religion (Erlösung, Auskunft über das Jenseits), begründet von dem hinduistischen Bettelmönch Gautama (um 560–480 v. Chr.). Gautama wurde aufgrund der durch seine mystische Versenkung erreichte Erlösung vom Zwang der Seelenwanderung zum Buddha (indisch = der Erleuchtete).

Abb. 18: Amida, die große Buddha-Statue in Kamakura, Japan.

29

Abb. 19: japanische Kanji-Schriftzeichen für verschiedene Budo-
Kampfkünste.

Budo (jap.): zentraler Oberbegriff für alle japanischen Kriegs-, Ritter- und Kampfkünste der Feudalzeit, ca. ab 1185 n. Chr. (engl.: Martial Arts), unter philosophischem Aspekt; Weg des Ritters, Weg des Adels. Darunter fallen die Kampfformen Ju-Do, Karate-Do, Aiki-Do, Kyu-Do, Iai-Do und Kendo.
Siehe auch unter Do und Michi.
Da ein großer Teil dieser älteren oder modernen japanischen Sportarten sehr stark durch historische und personelle Traditionen aus Korea, China und den Philippinen etc. beeinflußt wurden, kann man durchaus auch die Kampfformen dieser Länder (wie z. B. Taekwon-Do, alle Stilarten des Kungfu, Arnis usw.) im weiteren Sinne zu dem Oberbegriff des Budo hinzuzählen.

Budo-gi (jap.): Budo-Anzug mit Jacke, Hose und Gürtel; meist Baumwolle; in weiß, schwarz oder farbig.
Siehe auch unter Karate-gi, Keiko-gi und Gi.

Budo-ka (jap.): Ausübender des Budo (-Sportes).

Budokan, Nippon Budokan, Budokan Hall: 15.000 Zuschauer umfas-

Abb. 20: der Budokan, Kampfsportzentrum für alle japanischen Kampfkünste in Tokio.

sende Trainings- und Demonstrationshalle für alle alt-japanischen Ritter- und Sportkünste. 1964 errichtet u. a. als Austragungsstätte für die Judowettkämpfe der Olympischen Spiele. Mitbegründer und Initiator Shigeyoshi Matsumae.
Der Budokan liegt im Nordwesten des Chiyoda-Parks in Tokio, zwischen dem Imperial-Palast im Süden und dem Yasukuni-Schrein im Nordwesten auf dem Kita-no-maru-Gelände.
Er ist u. a. Stätte zur körperlichen und geistigen Entwicklung der japanischen Jugend.
Erste Vorführungen fanden vom 15.–22. 10. 1964 im Kyudo, Kendo, Sumo und Judo statt.
Gesamtgröße 10.345 qm. Der Budokan hat Räume für Offizielle, für Wettkämpfer, für Kampfrichter, Ruheräume, Sanitätsräume, Apotheke, Presseraum, Duschen, Saunen, Verwaltung etc. Gesamtkosten umgerechnet ca. 22 Millionen DM.

Budokwai (jap.): berühmtes altes Budo-Zentrum in Kyoto/Japan.
Siehe auch unter Batokaden.
Bedeutet auch: Name des englischen Judo-Hauptquartiers in London, gegründet 1918 vom dem Japaner Gunji Koizumi.
Kwai = Vereinigung, Gesellschaft.

Bugei (jap.): alte japanische Kriegskunst, frühere Bezeichnung für Bujutsu (siehe dort).
„Er ist mit den Kriegskünsten (die am Anfang des 18. Jahrhunderts existierten) vertraut."
Bugei wurde von den Samurai und den Bushi (siehe jeweils dort) praktiziert. Bugei beinhaltet u. a. Kampf-Strategie, Taktik und Verteidigung und wird anerkannt als antiker Vorläufer des heutigen modernen Budo.

Bugei-sha (jap.): Ausübender des Bugei (siehe dort).
Auch Bujin genannt.

Bujinkan-Dojo (jap.): Wörtlich „Trainingsstätte des Kriegsgottes".
Übungshalle von Dr. M. Hatsumi in Noda, Japan.

Bu-jutsu (jap.): Nachfolge-Bezeichnung für Bugei (siehe dort). Früherer Oberbegriff aller alt-japanischer Kampfkünste unter kriegerischem, militärischem (martialischem) Aspekt. Praktiziert von den Samurai und den Bushi (siehe jeweils dort) am Anfang des 18. Jahrhunderts.
Vorläufer des heutigen modernen Budo. So wurde z. B. aus dem Karatejutsu das Karate-Do, aus dem Kenjutsu das Kendo usw.

Bujutsu-ryu (jap.): Schule der alten martialischen Kampfkünste.

Buke (jap.): japanische Ritter- und Kriegerfamilie. Ritterstand. Militärisches Adelsgeschlecht, aus dem die Daimyo (siehe dort) und die Samurai hervorgegangen sind. Aufstrebende jap. Militärklasse während der Kamakura-Periode (1182–1333).
Siehe auch unter Kuge = japanischer Hofadel.

Abb. 21: Mitglied der jap. Ritter- und Kriegerfamilie.

Buke-no-toryo (jap.): Oberhaupt des früheren japanischen Ritterstandes.

Buki-ho (jap.): wörtlich „Weg der Waffe." Waffenkunst des Kobudo (siehe dort).

Bunbu-itchi (jap.): Kultur-politischer Idealzustand. „Literatur und Kriegskunst in Harmonie." Schreibpinsel und Schwert. Vier jap. Schriftzeichen, oft dargestellt mit viel Sinn und Bedeutung. Denn: Pinsel und Schwert beherrschten praktisch das jap. Adelsleben der Feudalzeit.

Bunkai (jap.): Analyse, Aufgliederung, detailliertes (in einzelne Phasen und Gruppen aufgeteiltes) Studium der asiatischen Kampfkünste, in Theorie und/oder Praxis.

Bureguma (jap.): Bregma (Stirnknochen), Atemi-Angriffspunkt. Der Punkt am Schädel des Erwachsenen, an dem die Pfeilnaht auf die Kranznaht trifft.

Bushi (jap.): Krieger, Ritter, Samurai. Siehe auch unter Bujin und Buke.

Bushido (jap.): Moral- und Ehrenkodex der japanischen Samurai. „Weg des Adels", „Weg des Ritters" (Bushi); Ethik des von 1192–1867 n. Chr. lebenden Kriegerstandes, z. B. Treue gegen den Herrn und Meister, Selbstzucht und Todesverachtung. Siehe auch unter „Kamikaze", Waffenbeherrschung „Kobudo" und unter „Yuzan, Daidoji".

Bushi-no-te (jap.): wörtlich „Hand des Kriegers". Jemand, der Te (= Hand, Faustkampf) studiert und beherrscht. So nannte man u. a. auch das Karate auf der Insel Okinawa (siehe dort), ca. um 1920 n. Chr.

Abb. 22: japanisches Schriftzeichen (Kanji-Kalligraphie) für das Wort Bushi-Do.

Butokuden/Butokukai/Budokwai (jap.): siehe auch unter Dai-Nippon-Butokukai = Trainings-Zentrum in Kyoto/Japan. Erste Karate-Demonstrationen dort um 1916 durch Gichin Funakoshi.

Butokukan (jap.): wörtlich „kriegerische Tugend, Kraft und Wirksamkeit." Unüblicher Karate-Stil, entwickelt 1961 von Reichi Keichi.

Butso (jap.): der Buddha.

Butso-Do (jap.): der Weg (die Lehre) des Buddha. Siehe auch unter Do.

Butsukari (jap.): gegen einen Widerstand anrennen; ständiger Angriff aus der Bewegung.

C

Cha (jap.): braun.
Auch Cha-iro genannt.

Chabi (jap.): 36 Karate-Techniken, entstanden und weiterentwickelt im Taiken (siehe dort).

Cha-iro (jap.): braun.

Cha-iro-obi (jap.): brauner Gürtel, 1. Kyugrad = Ik-Kyu. In Japan 3. bis 1. Kyu.

Chakra (jap.): Kreis, Rad. Die 7 Chakras oder Lotosblumen entlang der Wirbelsäule sind Zentren übersinn-. licher Wahrnehmungen und Lebensenergien.
Siehe auch unter Tsubo.

Chakuriki (jap.): japanische Bezeichnung des koreanischen Begriffes Cha-rywk = Trainings-Theorie, bei der die Kraft des Gegners für eigene Zwecke nutzbar gemacht wird.

Ch'an (chin): Zen-Buddhismus.

Chanan (jap.): siehe unter Heian.

Cha-obi (jap.): brauner Gürtel, 1. Kyugrad = Ik-Kyu.

Chashi/Chasi (jap.): Abwehr- und Verteidigungs-Gerät (Werkzeug) mit Griff und Stiel.

Chi (chin): das Absolute; nicht zu verwechseln mit Ch'i, der Lebensenergie.
Siehe auch unter Ch'i.

Ch'i (chin): ursprünglich Geist, Atem, Luft oder Hauch. „Energie in der traditionellen chinesischen Heilkunst. Lebensenergie, vitale Kraft, Schwerpunkt, Eins-Sein mit dem Universum. (Indisch = Prana, Griechisch = Pneuma, Japanisch = Ki oder auch Hara). Laut Wang Ch'ung (Chin. Philosoph, 27–96 n.Chr.): materielle Ur-Substanz, Ur-Energie, in der das Tao als Entfaltungsprinzip allen Geschehens wirkt.

Chiburi (jap.): der Samurai entfernt das Blut von seinem Schwert.

Chibusa (jap.): Brust (auch: Busen), Herz.

Chichi (jap.): Brustspitze.

Chigiriki-jutsu (jap.) Kampftechniken mit Stock und Kette. Verwendet von den damaligen Samurai und Bushi (siehe jeweils dort).

Chiho-geiko (jap.): Wandertraining. Die Mitglieder verschiedener Dojo besuchen sich untereinander, zum gegenseitigen, gemeinsamen Training.

Chiisai (jap.): klein (siehe auch unter Ko).

Chikai (jap.): von Angesicht zu Angesicht, ganz dicht, kurzer Abstand.

Chika-ma/Chi-kamae (jap.): etwa wie „Chikai" = nahe Position, nahe Distanz.

Chikara (jap.): Kraftanwendung, Kraftentfaltung.
Chikara-ni-michi-ta = kraftvoll,
Chikara-no-aru = kräftig,
Do-ryoku = Kraftanstrengung,
Do-ryuku-honeori = Kraftaufwand,

Itchi-danketsu-shite = mit vereinten Kräften,
Jiriki-de = aus eigener Kraft,
Sei-shin-ryoku = geistige Kraft,
Tai-ryoku = körperliche Kraft,
Tsuyomeru = kräftigen,
Yowai/Haku-jaku-no = kraftlos.

Chikara-ishi (jap.): wörtlich „Kraft-Stein". Stock im Stein, ca. 5 kg schwer, zur Stärkung der Armmuskeln. Verwendet von den Karateka auf Okinawa.

Abb. 23: Kraftsteine Chikara-ishi, für das Karatetraining.

Chikara-kurabe (jap.): Balgerei, Rauferei, Wettkampf der Kräfte, Turnier. Früh-japanische Kampfart, auch bekannt als Kumi-uchi = u. a. kämpfen in einer Rüstung.
Siehe auch unter Kumi.

Chikiri-gi (jap.): Dreschflegel (Nunchaku, siehe auch dort).

Ch'i-kung (chin.): Kultur der vitalen Energie. Alte chinesische Atemtherapie. Übungen zur Aktivierung der Lebenskraft. Atemübungen, die nicht nur aus Ein- und Ausatmen bestehen; das vegetative Nervensystem und das ständige Bewußtsein sind mit eingeschlossen. Die Übungen bestehen aus Nei-kung = innere Betätigung und aus Ch'ian-chuang-kung = äußere

Stärkung. Sie dienen als Basis-Training für alle fernöstlichen Kampfkünste.

Chikuto (jap.): siehe unter Shinai.

Chi-mei (jap.): wörtlich „tödlicher Schlag".
Bedeutet auch: voller Punkt = Ippon.
Oder: zwei Waza-ari = Chi-mei.

Chi-mei-sho (jap.): tödliche Verletzung. Ist identisch mit Kime (siehe dort) und Shi-mei = Leben und Tod.

Chimpan (jap.): Schiedsrichter.
Siehe auch unter Shimpan.

Ching-tso (chin.): Meditation, zur Erlangung von Ruhe, Konzentration und Leere.

Chinte (jap.): auch „Chintei" genannt. Wörtlich „seltene Hand." Seltene Shotokan-Karate-Kata (siehe dort). Gichin Funakoshi nannte diese Kata auch „Shoin".
Die Begründer oder Überlieferer dieser Kata sind nicht bekannt. In ihr vorherrschend sind typische chinesische Techniken aus dem Shuri-te. Viele Techniken dienen der Selbstverteidigung aus naher Distanz. Heute wird diese Kata meist von Frauen praktiziert. Sie ist eine hochwertige Kata, da nicht nur die eleganten Techniken wie Ryoken-gedan-wake-uke in Kata-ashi-dachi bevorzugt werden, sondern auch die kraftvoll-dynamischen Bewegungen wie z. B. Tate-ken und Sukui-uke.

Chinto (jap.): antike Okinawa-Karate-Kata des Shorin-ryu-Stils, bedeutet „kämpfen nach (gegen) Osten." Benannt nach Chinto, einem berühmten chinesischen Militär-Attaché auf Oki-

nawa. Charakteristisch ist der Ein-Fuß-Stand.
Gichin Fanakoshi änderte den Namen Chinto im Jahre 1922 in Gankaku (siehe dort).

Chito-ryu (jap.): Karate-Stil des Japaners Tsuyoshi Chito-se, entwickelt aus der Kombination zwischen Goju-ryu- und Shorin-ryu-Karate.

Chokusen-Kata (jap.): Kata-Vorführung in gerader Linie.

Choku-zuki (jap.): gerader Stoß, gestreckter Fausstoß bzw. -schlag aus Hachiji-dachi.
Siehe auch unter Seiken.

Choshi (jap.): Stimmung, Harmonie, Takt, Rhythmus.
Bedeutet auch: Auslosung bei Punktgleichheit.

Chosi (jap.): siehe unter Choshi.

Cho-wa (jap.): wörtlich „Harmonie"; harmonischer Geist (Einstellung) und physikalische Energie bei der praktischen Ausübung der alt-japanischen Kampfkünste.
Auch: geistige und körperliche unbewußte Koordination.
Siehe auch unter Mushin.

Cho-wa-suru (jap.): mit dem Gegner bzw. Partner übereinstimmen (harmonisieren), bei Training und Kata.

Choyaku-hangeki (jap.): gesprungener Gegenangriff.

Chu (jap.): Darlegung, Satz, Ausspruch.
Bedeutet auch: Mitte.

Chuan (chin.): Faust, boxen.
Auch Chwan oder Kuen genannt.

Chuan-fa (chin.): chinesisches Karate. Wörtlich: „Weg der Faust".
Auch Ken-fat (Kantonesisch) oder Kempo (Japanisch) genannt.

Abb. 24: alte Chuan-fa-Statuen in der berühmten Mai-Chi-Shan-Höhle in China.

Chudan (jap.): Angriffsrichtung zur mittleren Stufe, zur Körpermitte, zum Körper-Zentrum (Schulter bis Gürtellinie).

Chudan-ate (jap.): Schlag zur Körpermitte.

Chudan-barai (jap.): Abwehr mittlere Stufe.

Chudan-choku-zuki (jap.): gestreckter, gerader Fausstoß zur mittleren Stufe, zur Körpermitte.

Chudan-hiji-ate (jap.): Ellenbogenschlag mittlere Stufe, zur Körpermitte.

Chudan-kake-uke (jap.): Hakenabwehr mittlere Stufe.

Chudan-Kamae (jap.): entspricht der Kampfstellung. Der vordere Arm deckt den Außenbereich des Körpers, bereit Kizami-zuki zu stoßen. Der hintere Arm deckt den Bauch, bereit Gyaku-zuki zu stoßen.
Stellung, um z. B. Nunchaku oder Sai vor der Brust zu halten.

Chudan-mae-geri (jap.): Fußstoß nach vorn, zur mittleren Stufe, zur Körpermitte.

Chudan-mae-keage (jap.): geschnappter Vorwärtsfußtritt mittlere Stufe.

Chudan-mikazuki-geri (jap.): Halbmondfußtritt mittlere Stufe.

Chudan-morote-uke (jap.): verstärkte Unterarm-Abwehr mittlere Stufe.

Chudan-osae-uke (jap.): Preßabwehr mittlere Stufe.

Chudan-oshi-age-uke (jap.): Aufwärts-Preßabwehr mittlere Stufe.

Chudan-shuto-uke (jap.): Handkanten-Abwehr mittlere Stufe, gegen Angriffe zum Körper (Schwerthand-Abwehr).

Abb. 25: Chudan-shuto-uke, Handkanten-Abwehr mittlere Stufe.

Chudan-soto-uke (jap.): mittlere Abwehr von außen nach innen.

Chudan-tegatana-uke (jap.): mittlere Verteidigung durch Schwerthand.

Chudan-uchi (jap.): Faustschlag, (Stoß) zur mittleren Stufe, zur Körpermitte.

Chudan-uchi-uke (jap.): Unterarm-Abwehr, mittlere Stufe, von innen nach außen, gegen den Angriff zum Körper.

Chudan-ude-uke (jap.): Unterarm- (Vorderarm-) Abwehr, mittlere Stufe, gegen den Angriff zum Körper.

Chudan-uke (jap.): Abwehr mittlere Stufe.

Chudan-yoko-uchi (jap.): Seitwärtsschlag mittlere Stufe.

Chudan-yoko-uke (jap.): Seitwärtsabwehr mittlere Stufe.

Chudan-zuki (jap.): Fauststoß mittlere Stufe, zur Körpermitte.

Chuga-eri (jap.): sich überschlagen, Salto, Rolle vorwärts oder rückwärts mit liegenbleiben.
Siehe auch unter O-chuga-eri.

Chui (jap.): offizielle Verwarnung (zur Einhaltung der Kampfregeln für wiederholten leichten oder mittleren Regelverstoß).

Chui-ichi (jap.): 1. Verwarnung.

Chui-ni (jap.): 2. Verwarnung.

Chuko-ken (jap.): Ein-Punkt-Faust, Variante.
Siehe auch unter Naka-daka-ken.

Chusen (jap.): auslosen, Los. Bei Punktgleichheit kann der Sieger ausgelost werden; aus den Wettkampf-Regeln.

Chusoku (jap.): Fußballen.
Siehe auch unter Ashi-uru.

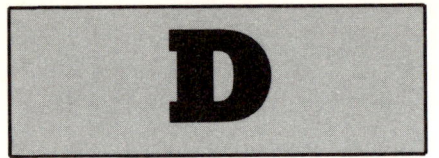

Da-ashi (jap.): Schlangen-Kriechbe-wegung, Kriech-Schritt.

Abb. 26: Karate-Grundstellungen.

Dachi (jap.): Fußstellung, Stand, Schritt, Position.
Fudo-dachi = verwurzelte Stellung. Auch: Sochin-dachi.
Hangetsu-dachi = Halbmond-Stel-lung (Spannung nach innen).
Hanmi-kutsu-dachi = Acht-Stellung, Zen-kutsu-dachi mit 45 Grad abge-drehter Hüfte.
Heiko-dachi = Parallel-Stellung.
Heisoku-dachi = formelle Achtungs-stellung.
Kamae = Kampfstellung.
Kiba-dachi = Seitwärtsstellung, Rei-terstellung.
Kokutsu-dachi = Rückwärtsstellung.
Musubi-dachi = nichtformelle Ach-tungsstellung.
Naihan-chin-dachi = gespreizte Bein-stellung.
Neko-ashi-dachi = Katzenfuß-Stel-lung.
Re-dachi = „L"-Stellung. Re-nogi-da-chi.
Sanchin-dachi = Sanduhr-Stellung.
Shiko-dachi = Sumo-Stellung (ähn-lich Ki-ba-dachi).
Shizen-dachi = natürliche Stellung.
Sochin-dachi = Kraftstellung.
Uchi-mata-dachi = umgekehrte Fuß-stellung.
Zenkutsu-dachi = Vorwärtsstellung.

Dai (jap.): groß.

Dai-daiiro (jap.): orangener Gürtel.
4. Kyugrad = Shi-Kyu.

Dai-ichi-sekishi-k(w)ansetsu (jap.): Grundgelenk der großen Zehe, Atemi-Agriffspunkt.

Dai-Nippon-Butokukai: Great-Ja-pan-Martial-Virtues-Association = Ja-panische Gesellschaft für Militär-sport. Gegründet 1895.

Dai-Nippon-Kempo-Karate-Do (jap.): wörtlich „Große Japanische Faustkampf-Methode des Weges der leeren Hand".

Daini-Seisan (jap.): Karate-Kata des Uechi-ryu. Kombination zwischen Sanchin (siehe dort) und Seisan-Kata.

Dai-sensei (jap.): großer Meister, ehr-erbietige Anrede für einen 10. Dan (siehe dort).

Daisho (jap.): wörtlich „Groß-Klein", Schwertpaar. Zwei Schwerter = Lang-schwert Katana (siehe dort) und Kurz-

schwert Wakizashi (siehe dort). Popu-
lär während der Momoyama-Periode
(1573–1599 n. Chr.).

Daito (jap.): Langschwert (Schwert
mit Überlänge) der Samurai, aus Metall, gegossen oder geschmiedet,
auch aus Holz.

Daito-ryu (jap.): u. a. Stilrichtung des
Aiki-jutsu.

Abb. 27: Daisho, Langschwert Katana
und Kurzschwert Wakizashi.

Daki (jap.): umarmen, umfassen.

Daki-te (jap.): Hakenhand.

Daimyo (jap.): wörtlich „Großer
Name", Herr einer Provinz, Landes-
fürst, Lord (während der japanischen
Feudalzeit).

Dan (jap.): Rang, Stufe, Budo-Mei-
stergrad.
Ichi-(Sho) Dan = 1. Budo-Meister-
                   grad,
Ni-Dan   = 2. Budo-Meister-
                   grad,
San-Dan   = 3. Budo-Meister-
                   grad,
Yon(Shi)-Dan   = 4. Budo-Meister-
                   grad,
Go-Dan   = 5. Budo-Meister-
                   grad,
Roku-Dan   = 6. Budo-Meister-
                   grad,
Shichi-Dan   = 7. Budo-Meister-
                   grad,
Hachi-Dan   = 8. Budo-Meister-
                   grad,

Ku-Dan   = 9. Budo-Meister-
                   grad,
Ju-Dan   = 10. Budo-Meister-
                   grad.

Dan-ryoku (jap.): Spannkraft, Elastizi-
tät.

Dan-ryoku-no-kamae (jap.): Ein-
gangsstellung.

Dantai (jap.): Mitglieder, Gruppe, Versammlung, Mannschaft.

Dentai-sen-Kumite (jap.): Mann-
schafts-Wettkampf.

Dan-zuki (jap.): gleichzeitig wieder-
holtes Stoßen; Tempostöße.

Daruma, Taishi (jap.): siehe unter
„Bodhidharma" und unter „Ta-Mo".

Dasu (jap.): Fuß oder Hand vorstrek-
ken, vorsetzen.

Dasu-no-kamae (jap.): Vorwärtsstellung.

Dasu-tobi-no-kamae (jap.): vordere
Ausfallstellung, Ausfallschritt.

Datto (jap.): das Schwert Katana
(siehe dort) wird aus dem Gürtel Obi
(siehe dort) herausgenommen.

De (jap.): vorrücken (kommen oder
gehen), vorwärtsgehen, herauskom-
men.

Deai (jap.): kontern.

Deai-osae (jap.): einem Angriff zuvorkommen (Deai-o-teru).

De-ashi-barai/harai (jap.): Fußfegen,
Fußfegewurf (Sichelbewegung von
außen nach innen).

Debana (jap.): „Ich jage ihm zuerst einen Schreck ein!"

Debana-o-kujiku (jap.): psychologische Stör-Technik; entmutigen. Sieg über den Gegner in den ersten Sekunden des Kampfes. Überwältigen durch überraschen.

Debana-waza (jap.): Sofort-Angriff, blitzschnelle Technik.
Ähnlich dem Wort Deai (siehe dort).

Denko (jap.): wird oft auch Denku geschrieben. Atemi-Nervenpunkte der rechten und linken Körpervorderseite (Flanken), auch Tchuin oder Chukan genannt. Angriffe erfolgen mit Empi, Shuto oder Tsuki (siehe jeweils dort). Inaduma-tsuki-kage = Atemi-Flankenpunkte.
Siehe auch unter Getsuei und Inazuma.

Densho (jap.): Geheim-Dokumente.

Deshi (jap.): Jünger, Lernender.

Dhyana (Sanskrit): siehe unter Zen.

Dim-ching (chin.): angreifbare Nervenpunkte im Nahkampf.

Dim-hsuen (chin.): angreifbare Punkte des menschlichen Blutkreislaufes im Nahkampf.

Dim Mak (chin.): lebensnotwendige Punkte am menschlichen Körper, auch Akupressur- und Akupunktur-Punkte. Gefährliche Punkte und Stellen dann, wenn durch Druck, Stoß oder Schlag darauf, Lähmung oder der Tod (auch Atemstillstand) herbeigeführt werden kann.

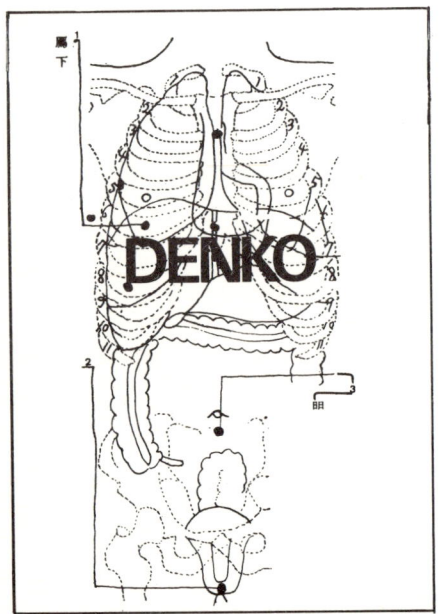

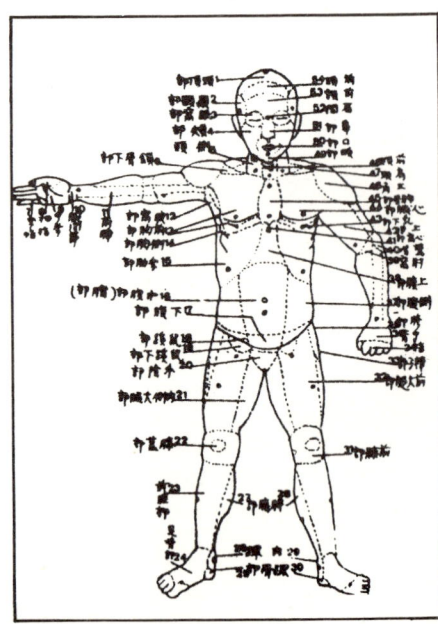

Abb. 28: Denko, die Atemi-Nervenpunkte der Flanken.

Abb. 29: Nervenpunkte aus dem Dim-Mak.

Dirk (jap.): kleines jap. Messer, benutzt beim Selbstmord Seppuku (siehe dort).

Do (jap.): wichtiger Begriff im japanischen Zen-Buddhismus (siehe dort) und in der asiatischen Weltanschauung. Bedeutet Weg, Pfad, Grundsatz, Lehre, Philosophie, Richtung, Richtschnur, Prinzip, Methode etc.
Das Schriftzeichen für „Weg" liest sich japanisch „Michi" (siehe dort) und sino-japanisch „Do". Es ist gleich mit dem chinesischen „Tao" (siehe dort). Es bedeutet auch die Nachfolge antreten des Buddha auf dem „Weg" zur Erleuchtung.
Siehe auch unter Satori und Butsudo.
Die geistig-praktischen Schulungswege und sonstige menschliche Tätigkeiten, ob sportlicher oder anderer Natur, haben einen religiösen und kosmischen Ursprung und Zusammenhang und führen den Do-Ausübenden zur Vollendung.
Bedeutet auch: Rumpf, Taille, Brust, Torso.

Abb. 30: japanisches Schriftzeichen (Kanji-Kalligraphie) für das Wort Do.

Do-basami (jap.): Körper-Schere.

Dogen (jap.): buddhistischer Mönch (1200–1253 n. Chr.), führte die Soto-Zen-Schule (siehe dort) aus China in Japan ein.

Dogu (jap.): Werkzeuge, Instrumente, Waffen und Trainingsgeräte, die auch in den asiatischen Kampfkünsten benutzt werden können.

Dohyo (jap.): Kampfring, Arena (z. B. beim Sumo).

Do-In (jap.): asiatische Selbstmassage, zur vollständigen Regeneration von Körper und Geist. Do-In stimuliert das Leben der Organe, stärkt alle körperlichen Funktionen; bedeutet vitale Kraft und vereinigt alle Energien im Hara (siehe dort).

Dojo (jap.): wörtlich „Weg-Halle", „Ort der Erweckung", „Raum der Erleuchtung". Der Ort, an dem die Schüler den „Weg" üben. Übungsraum, Schule, Gymnasium. Budo-Trainingsraum, heiliger Raum. Siehe auch unter Zendo.
Koreanisch = Dojang, Ort der Entgegennahme der Offenbarung.

Dojo-kun (jap.): Dojo-Prinzipien, Dojo-Etikette, Dojo-Ethik.

Dokan (jap.): der Weg ist ein Kreis.

Do-kyaku (jap.): vorrückendes Bein.

Domyaku (jap.): Arterie, Schlagader; Atemi-Angriffspunkt.

Dori/Tori (jap.): nehmen, greifen; z. B. Ryo-te-dori, Kata-dori.
Bedeutet auch: der Werfende, der Angreifer.

Doshu (jap.): Meister des Do (des Weges).

Dotoku (jap.): moralische Verpflichtung; zur Dojo-Ethik gehörend.

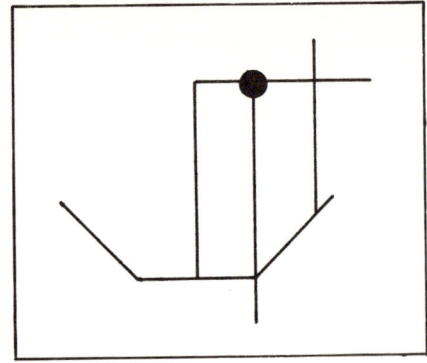

Ebi (jap.): Krebsart, Krabbe, Garnele, Hummer.
Siehe auch unter Kani.

Edo altjapanischer Begriff für die japanische Hauptstadt Tokio, während der Edozeit von 1603–1867.

Ekika (jap.): Achselhöhle, Atemi-Angriffspunkt.

Eki-kinkyo (chin.): Training von Körper und Geist (I-chi-ching).

Ekkin Sutra: angeblich erstes Karate-Lehrbuch. Geschrieben um 525 n. Chr. von dem buddhistischen Mönch Bodhidharma (siehe dort).

Embu (jap.): die praktische Ausführung (Vorführung, Demonstration) der martialischen Kriegs- und Kampf-Künste.

Embu-jo (jap.): Austragungsstätte der Kampfkünste.

Embusen (jap.): Bodenlinie, Schritt-diagramm (Pattern, Poomsee). Linie der vorgeschriebenen Bewegungsabläufe bei Kata-Vorführungen.

Empi/Enpi (jap.): Ellenbogen.
Siehe auch unter Hiji.

Empi-ate (jap.): Ellenbogenschlag.

Empi-chudan-mae-uchi (jap.): Ellenbogenschlag vorwärts, mittlere Stufe.

Abb. 31: Embusen, das Schritt-Diagramm der Kanku-dai-kata.

Empi-soto-uke (jap.): Ellenbogenabwehr nach außen.

Empi-mae-uchi (jap.): Ellenbogenschlag vorwärts.

Empi-uchi (jap.): Ellenbogenschlag.
Auch Hiji-ate genannt.
Mae-empi-uchi = aufwärts.
Mawashi-empi-uchi = vorwärts.
Ushiro-empi-uchi = rückwärts.
Yoko-empi-uchi = seitwärts.

Abb. 32: Empi-uchi nach oben.

Abb. 33: Empi-uchi nach vorn.

Abb. 34: Empi-uchi zur Seite.

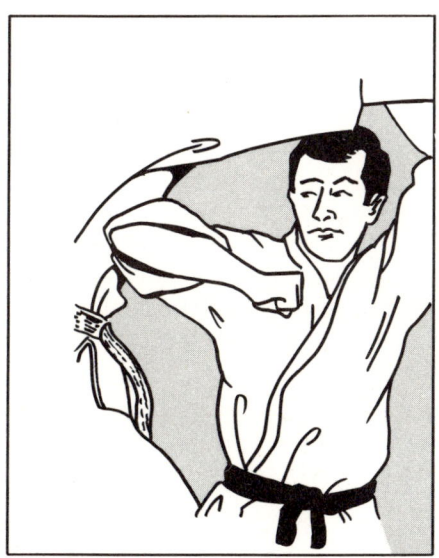

Abb. 35: Empi-uchi nach hinten.

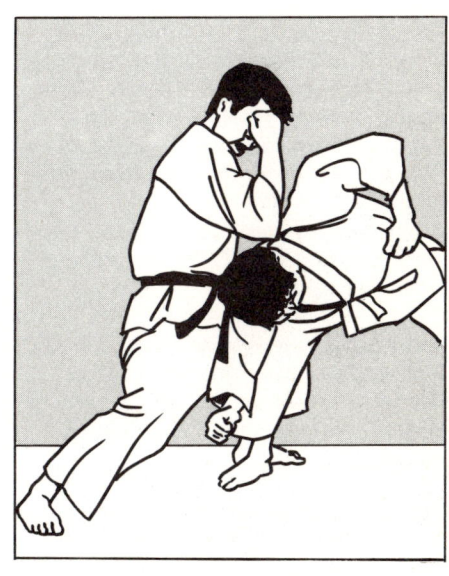

Abb. 36: Empi-uchi nach unten.

Empi-uchi-uke (jap.): Ellenbogenabwehr nach innen.

Empi-uke (jap.): Ellenbogenabwehr.

Empi-ushiro-ate (jap.): Ellenbogenschlag nach hinten.

Empi-waza (jap.): Gruppe der Ellenbogenschläge.

Empi-yoko-uchi (jap.): Seitwärtsschlag mit dem Ellenbogen.

Encho (jap.): „Verlängerung"!, die normale Kampfzeit prolongieren; aus den Wettkampf-Regeln.

Engisen (jap.): Vorzeigelinie. Demonstrations-Linie.

Engo-waza (jap.): Techniken der Deckung und Unterstützung.

Enju (jap.): Ferse, Angriffs-„Waffe" (vom Knöchel abwärts).

Enkakuji (jap.): berühmter japanischer Zen-Tempel, in Kamakura gelegen, Grabstätte von Gichin Funakoshi. Dieser Wallfahrtsort ist das Zentrum des jap. Zen-Buddhismus und mit großen Buddha-Statuen ausgestattet.
Auch der bedeutendste Zen-Philosoph Japans, Dr. Daisetz T. Suzuki lebte hier viele Jahre.

Enpi (jap.): alte und wichtige Shotokan-Karate-Kata, ursprünglich unter Kempo-Einflüssen von Sappushi Wanshu in der Tomari-Region (Okinawa) eingeführt.

En-sho (jap.): Rundferse.
Auch Kakato genannt.

Eri (jap.): Kragen, Revers.

Eri-dori (jap.): ergreifen des Revers des Partners oder Gegners.
Hidari-eri-dori = ergreifen des linken Revers.
Migi-eri-dori = ergreifen des rechten Revers.

Eri-Kuatsu (jap.): die Kunst der japanischen Wiederbelebung durch Massage des Hypogastriums (siehe dort).

Abb. 37: Eri-Kuatsu, die Massage des Hypogastriums.

Escrima (phil.): philippinischer Schlagstock, auch Pagkalikali oder Kali genannt. Ausgeführte Kampfkunst = Arnis.

Fu-antei (jap.): labil sein, sich nicht im Gleichgewicht befinden.

Fudo-ken (jap.): geballte Faust. Faustschlag, ähnlich dem „Uppercut" im Boxen.

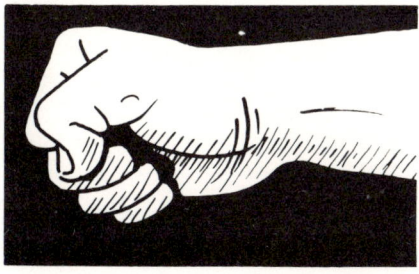

Abb. 38: Fudo-ken, die geballte Faust.

Fudo-no-shisei (jap.): unbewegliche Position mit zusammengestellten Fersen, z.B. im Wado-ryu-karate.

Fudo-shin (jap.): unbeweglicher, unerschütterlicher, unantastbarer Geist.

Fudo-tachi/dachi (jap.): unbewegliche Position, Stand. Tiefe gespreizte Kraftstellung.
Siehe auch unter Yoi-dachi und Sochin-dachi.

Fuji (jap.): heilig, ewig.

Fuji-yama (jap.): heiliger, ewiger Berg Japans, „Fuji-san", Wahrzeichen, 3776 m hoch.

Fujubun (jap.): keine wertbare Technik; aus den Wettkampf-Regeln.

Fukiyu (jap.): Karate-Kata der Shorin-ryu-Schule auf Okinawa.

Fukiyu-Kata (jap.): zwei antike zusammengehörende Basis-Kata der Karate-Stilisten von Okinawa.

Fukubu (jap.): Faustkampf-Zielscheibe.
Bedeutet auch: Bauch, Unterleib.

Fukukoso (jap.): Sonnengeflecht (lateinisch = Solaris Plexus), Schlag oder Stoß darauf bewirken Atemstillstand, Lähmung oder den Tod), Atemi-Angriffspunkt. Lage: Brustmitte, zwischen den Rippen.

Fuku-shiki (jap.): verschiedene Kombinationen.

Fuku-shiki-Kumite (jap.): doppelter Angriff oder Kampfkata. Kontertechnik.

Fuku-shin (jap.): Aushilfskampfrichter. Unparteiischer.

Fuku-shin-shugo (jap.): Versammlung der Kampfrichter; Besprechung mit dem Haupt-Kampfrichter.

Fumi (jap.): treten, stampfen.

Fumi-ashi (jap.): einen Stampftritt machen.

Fumi-dashi (jap.): abdrückender Schritt.

Fumi-dasu (jap.): einen Schritt tun, vorwärtsgehen.

Fumi-kiri (jap.): seitlicher Stechtritt, schneidender Fußstoß.

Fumi-komi (jap.): eintreten, eindrehen (in einen Wurf), vorwärtsschrei-

ten, nach vorne schieben.
Bedeutet auch: Stampftritt, Sperrtritt.
Mae-fumi-komi = vorwärts,
Ushiro-fumi-komi = rückwärts,
Yoko-fumi-komi = seitwärts.

Abb. 39: Fumi-komi, der Stampftritt.

Fumi-komi-age-uke (jap.): Zuvorkommen mit Age-uke (siehe dort).

Fumi-komi-ashi (jap.): einen Stampftritt vorwärts machen.

Fumi-komi-naname (jap.): Zuvorkommen mit einem Schlag.

Fumi-komi-shuto-uke (jap.): Zuvorkommen mit Shuto-uke (siehe dort).

Fumi-komi-tobi-geri (jap.): Zuvorkommen mit Tobi-geri: (siehe dort).

Fumi-komi-ude-uke (jap.): Zuvorkommen mit Ude-Uke (siehe dort).

Fumi-uchi (jap.): Schlag mit einem Schritt.

Fumi-waza (jap.): Gruppe sämtlicher Stampf-Tritt-Techniken.

Fumi-zuki (jap.): Schritt und Schlag.

Funakoshi, Gichin: Vater und Begründer des modernen Karate. Geboren 1871 in Naha auf der japanischen Insel Okinawa, gestorben am 26. 4. 1957 mit 86 Jahren. Er verehrte und praktizierte die Lebensweise des Samurai. Funakoshi führte die ursprüngliche Kampfkunst Okinawa-te (Okinawa-Hand) schon 1922 in Japan ein. Daraus entwickelte sich sein Kampfstil Shotokan (siehe dort).
Siehe auch Einleitung unter „Die chronologische Entwicklung des Karate."

Abb. 40: Gichin Funakoshi, der Begründer des modernen Karate.

46

Furi-age (jap.): schwingen nach oben.

Furi-sute (jap.): geschwungene Technik.

Furi-uchi (jap.): schwingender Faustschlag.

Furi-waza (jap.): Gruppe sämtlicher Schwing-Techniken.

Furi-zuki (jap.): erdrückender, schwingender Faststoß.

Fusegi (jap.): schwingen. Bedeutet auch: verteidigen.

Fusegi-waza (jap.): Gruppe sämtlicher Abwehrgriffe.

Fusen-gachi (jap.): Sieg durch Nichtantreten des Gegners; aus den Wettkampf-Regeln.

Fusen-sho (jap.): „Kampflos Sieger"; aus den Wettkampf-Regeln (z.B. durch Aufgabe oder Nichterscheinen des Gegners).

Fusha-gaeshi (jap.): Windmühlenschlag mit dem Bo-Stab.

Fushito (jap.): außerhalb des (Oberschenkels).

Futari (jap.): zwei Gegner treffen sich im Kampf.

Futatsu (jap.): zwei Möglichkeiten, zwei Dinge.

G

Gachi/Kachi (jap.): gewonnen, der Sieg.

Gaeri (jap.): fegen, kehren, „kleine Kehrung".

Gaeshi/Kaeshi (jap.): Gegenangriff, Gegentechnik, Konteraktion.

Gaeshi-renzoku (jap.): umwerfen. Der andauernde, ununterbrochene Gegenangriff.

Gaichodo (jap.): äußerer Gehörgang, Atemi-Angriffspunkt.

Gaiwan (jap.): Außenseite des Unterarmes, Abwehrfläche.

Gake (jap.): einhängen, einhaken.

Gakko (jap.): Schule.

Gaku (jap.): geschriebenes Diplom, Urkunde oder auch philosophischer Text, eingerahmt, im Dojo an sichtbarer Stelle aufgehängt.

Gamae/Kamae (jap.): Grundhaltung, Stellung, Position, Lage.

Gaman-kamae (jap.): Abwarteposition. Versinnbildlicht „die Geduld im Nahkampf".

Ganmen (jap.): Gesicht.

Ganmen-uchi (jap.): Schlag zum Gesicht.

Ganmen-zuki (jap.): gerader Faustschlag ins Gesicht.

Ganka (jap.): Brust, Oberkörper.

Gankaku (jap.): wörtlich „Kranich auf dem Felsen". So benannt, weil der Stand auf einem Fuß (Sagi-ashi-dachi) ähnlich ist dem Kranich auf einem Felsen (oder in einer Felsennische = Gan), der sprungbereit den Feind anvisiert.
Alte Shotokan- und Shito-ryu-Kata (siehe jeweils dort). Früher auch „Chinto" (siehe auch dort) genannt. Sie stammt aus der Shorei-Schule und wurde in Japan eingeführt von Matusmora Sensei, dem Begründer des Tomari-te-Stiles. Der eigentliche Gründer der Chinto-Kata ist unbekannt.

Gankaku-dachi (jap.): Stand/Stellung ähnlich dem Tsuru-ashi.
Siehe auch unter Sagi-ashi-dachi.

Gankyu (jap.): Augäpfel, Atemi-Angriffspunkte.

Gari (jap.): sicheln, fegen, wegfegen; z.B. O-soto-gari = große Außensichel (Beinwurf-Technik).

Garami (jap.): halten, verwickeln, umschlingen, unbeweglich machen. Bedeutet auch: gebeugt, gedreht.

Gashira / Kashira (jap.): Haupt, oben, hoch.

Gassho (jap.): das Aneinanderlegen der Hände mit waagrecht-gehaltenen Armen. Diese Handlung ist Symbol der Einheit von Geist und körperlicher Existenz.

Gassho-uke (jap.): Handwurzelabwehr.

Abb. 41: Gassho, das Aneinanderlegen der Hände.

Gasshuku (jap.): Lehrgang, Seminar, Training.

Gasshuku-geiko (jap.): Lehrgangstraining. Üben während eines Kampfsport-Lehrganges.

Gatame/Katame (jap.): halten, festhalten, unbeweglich machen.

Gatame-waza (jap.): Gruppe sämtlicher Boden-Griffe, z.B. Haltegriffe, Armhebel und Würgegriffe.

Gedan (jap.): abwärts der Gürtel-Linie, untere Angriffsstufe (zum Unterleib, zum Bein).

Gedan-barai (-uke) (jap.): Abwehr untere Stufe.

Abb. 42: Gedan-barai, Abwehr untere Stufe.

Gedan-choku-zuki (jap.): gerader Fauststoß nach unten.

Gedan-empi (jap.): Ellenbogen-Angriff nach unten.

Gedan-gamae / kamae (jap.): Abwehr- oder Bereitschaftsstellung, untere Stufe. Endstellung der Abwehr nach unten.
Links vorrücken mit Gedan-barai zur Ausgangsstellung in Zenkutsu-dachi.

Gedan-juji-uke (jap.): Überkreuz-Abwehr untere Stufe.

Gedan-kake-uke (jap.): Hakenabwehr untere Stufe.

Gedan-kekomi (jap.): gerader Fußstoß zur unteren Stufe.

Gedan-kosa-uke (jap.): Überkreuzabwehr untere Stufe.

Gedan-ni-oshidasu (jap.): Stoß untere Stufe.

Gedan-osae-uke (jap.): Preßabwehr untere Stufe.

Gedan-sukui-uke (jap.): Schaufelabwehr unter Stufe.

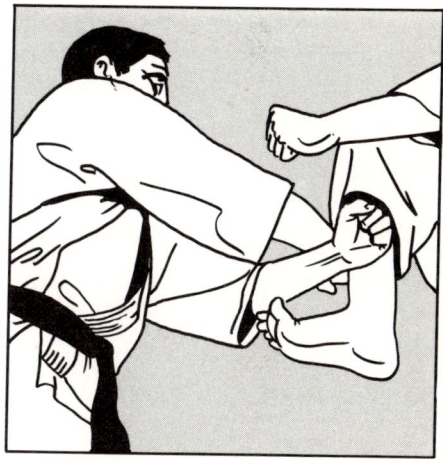

Abb. 43: Gedan-juji-uke, Überkreuz-Abwehr untere Stufe.

Gedan-uchi-barai (jap.): Fegeabwehr untere Stufe.

Gedan-uchi-komi (jap.): Schlag untere Stufe.

Gedan-uchi-uke (jap.): Abwehr untere Stufe, von innen nach außen.

Gedan-uke (jap.): Unterarm-Abwehr untere Stufe.

Gedan-zuki (jap.): Fauststoß untere Stufe.

Geiko/Keiko (jap.): Übung, Praxis, Trainingsform.

Gekon (jap.): Kinn unterhalb der Unterlippe, Atemi-Angriffspunkt.

Gekisai-Dai (jap.): Grund-Kata im Goju-ryu-Karate.

Genki (jap.): Vitalität, Stärke, Lebenskraft

Genko (jap.): geschlossene Hand, Faust.
Siehe auch unter Seiken.

Gen-kotsu (jap.): wörtlich „mit der Faust drohen"; gefährliche Nervenpunkte angreifen.

Gensei-ryu (jap.): spektakulärer Karate-Stil, bei dem auch Salto's und Boden-Akrobatik vorkommen.

Genten (jap.): wörtlich „zum Nullpunkt zurück". Punktabzug wegen Fehler.

Genten-ichi (jap.): 1. Fehler.

Genten-ni (jap.): 2. Fehler.

Geri/Keri (jap.): Tritt, Fußtritt, Kick.

Geta (jap.): Holzschuhe, Sandalen mit Zehen- oder Kreuzband;
Siehe auch unter Zori und Tabi.

Abb. 44: Geta, original asiatische Holzsandalen.

Getsuei (jap.): Hypochondrium = Gegend unter den Rippenbogen. Angriffsstelle, Atemipunkte.
Siehe auch unter Denko.

Gi (jap.): Abkürzung von Karate-gi (= Karate-Anzug) oder auch Keiko-gi (= Übungs- oder Trainings-Anzug); Uniform.
Koreanisch = Lebensenergie. Chinesisch = Ch'i. Japanisch = Ki.

Giri (jap.): Pflicht, Pflichterfüllung.

Go (jap.): Kraft, Gewalt, starr, Gegenteil = Ju.
Bedeutet auch: fünf.

Go-Dan (jap.): 5. Budo-Meistergrad, schwarzer Gürtel.

Go-Do (jap.): Sport der Härte, Weg der Härte.

Gohon (jap.): fünf Wege, fünf Techniken.

Gohon-Kumite (jap.): das Gleiche fünfmal; fünfmaliger Angriff (und Abwehr) beim 5-Schritt-Partnertraining.

Go-I (jap.): die fünf Grundprinzipien der Logik des Zen, die das Verhältnis von Form (Shiki) und Leerheit (Ku) systematisch erläutern.

Gojo-shiho (jap.): Karate-Kata des Shuri-te der Itosu-Schule. Die Bewegungen eines Spechtes, der mit seinem Schnabel gegen einen Baum klopft, werden hier sichtbar. Funakoshi nannte diese Kata auch Hotaku = Spechtklopfen; auch wird diese Kata oft Useshi genannt.
Diese Kata wird aufgeteilt in Goju-shiho-dai und Goju-shiho-sho.

Goju-ryu (jap.): Go-ken = starke Faust, Ju-ken = schwache, weibliche Faust. Eine der vier großen japanischen Karate-Stilrichtungen. Kombination und Kampf-Synthese zwischen dem sanften chinesischen Chuan-fa (siehe dort) und dem harten Karate der Insel Okinawa. Als Vater des Goju-ryu gilt „Der Heilige des Faustschlages" Kanryo Higashionna (siehe dort); weiterentwickelt wurde dieses System von dem Japaner Chojun Miyagi (siehe dort) aus Kyoto.
Der außerhalb Japans bekannt gewordene Vertreter des Goju-ryu-Karate ist der Japaner Gogen Yamaguchi, genannt „Neko" (die Katze).

Abb. 45: Zeichen (Emblem) des Goju-ryu-Karate.

Gokaku (jap.): gleich stark, gleich begabt.
Bedeutet auch: erfolgreich bestanden.

Gokaku-geiko (jap.): Übung zwischen gleichstarken Partnern.

Go-ken (jap.): starke Faust.

Go-kyu (jap.): 5. Schülergrad. Kiiro-obi = gelber Gürtel.

Gomen (jap.): Entschuldigung, z.B. beim Verlassen des Dojo (siehe dort).

Go-nin-gake (jap.): einer kämpft gegen fünf, Trainingsform.

Go-no-Kata (jap.): alte Form der Kräftigungs-Übungen.

Go-no-Kempo (jap.): harte Methode des früheren unbewaffneten japanischen Faustkampfes.

Gonosen (jap.): kontern; Initiative in der Verteidigung. Nach Sichtbarwerden der gegnerischen Angriffstechnik wird mit eigener Oji-Technik (siehe dort) gekontert.
Siehe auch unter Sen und Sen-no-sen.

Gorei (jap.): Kampfrichter-Kommando.

Go-rin-no-sho (jap.): „Schrift von den 5 Ringen (Kreisen)". „Weg des Kriegers". Anweisung zur Strategie des Kämpfens; Schwertkampflehre im „Buch der fünf Ringe", geschrieben in der Edo-Periode von Miyamoto Musashi (1584–1645), einem der berühmtesten Samurai Japans („Heiliger des Schwertes"); gewidmet seinem Schüler Terao Magonojo.
Go-rin = die fünf großen Elemente (Erde, Wasser, Feuer, Wind und Luft) oder die fünf Körperteile (Kopf, beide Arme, beide Beine).
Siehe auch unter Musashi und Hagakure.

Goshi/Koshi (jap.): Hüfte, z.B. Uki-goshi = Hüftwurf.

Goshin-jutsu (jap.): antike japanische Selbstverteidigung in 5 Gruppen.

Gosoko-ryu (jap.): wörtlich „fest und hart". Neue Karate-Stilrichtung, begründet von Takayuki Kubota. 8. Dan (Los Angeles, USA). Schnelle und kraftvolle Angriffe sind vorherrschend. Wettkampf, Straßenkampf und Selbstverteidigung. Aber auch verschiedene Kata und philosphische Grundlage.

Guruma (jap.): Rad, z.B. Koshi-guruma = Hüftrad, Hüftwurftechnik.

Gyaku (jap.): spiegelverkehrt, umgekehrt, umgedreht, entgegengesetzt, gegen die Natur.

Gyaku-ashi (jap.): umgekehrte Fußstellung.

Gyaku-hachiji-dachi (jap.): umgekehrte, natürliche Stellung.

Gyaku-hanmi (jap.): umgekehrte, seitverkehrte, halb-abgedrehte Vorwärtsstellung.

Gyaku-kaiten (jap.): entgegengesetzte Drehung.

Gyaku-ken (jap.): umgekehrter Faustschlag.

Gyaku-kentsui-uchi (jap.): umgekehrter Hammerfaustschlag.

Gyaku-mawashi-geri (jap.): Halbkreiskick von innen nach außen; umgekehrter Rundbogentritt.

Gyaku-mikazuki-geri (jap.): umgekehrter Halbmond-Fußtritt.

Gyaku-shuto-uchi (jap.): umgekehrter Handkantenschlag.

Gyaku-soto-uke (jap.): umgekehrte Abwehr zur Mitte, von außen nach innen.

Gyaku-uchi (jap.): umgekehrter Schlag, „verkehrter" Stoß.

Gyaku-waza (jap.): Gruppe der umgekehrt ausgeführten Techniken.

Gyaku-zuki (jap.): Gegenseitenstoß, „umgekehrter Fauststoß", „verkehrter Fauststoß", z.B. linkes Bein vorn, Stoß rechts.

Abb. 46: Gyaku-zuki, der umgekehrte Fauststoß.

Gyaku-zuki-age (jap.): umgekehrter, geschwungener Fauststoß.

Gyoji (jap.): Kampfrichter.

52

Ha (jap.): Flügel, Schwinge.
Bedeutet auch: Schneide, Klinge eines Messers oder eines Schwertes; direkte Schnittfläche.

Hachi (jap.): acht.

Hachi-Dan (jap.): 8. Dan. Träger des achten Meistergrades, Shima-obi = rot-weißer Gürtel.

Hachiji-dachi (jap.): Stellung mit geöffneten Füßen, Grundstellung. Siehe auch unter Hachi-noji-dachi.

Abb. 47: Hachiji-dachi, Grundstellung mit geöffneten Füßen.

Hachi-maki (jap.): Karate-Kopftuch, Schweißtuch.

Abb. 48: Hachimaki, Kopf- bzw. Stirnband.

Hachiman: Japanischer Gott, erstmals 737 n. Chr. in Usa auf der Insel Kyushu erwähnt; später als Kriegsgott in ganz Japan verehrt.

Abb. 49: Hachiman, der japanische Kriegsgott und der vergötterte Kaiser Ojin in der Legende.

Hachi-noji-dachi (jap.): Bereitschaftsstellung mit geöffneten Füßen.

Hachi-noji-dachi-shizen-tai (jap.): Bereitschaftsstellung mit geöffneten Füßen, natürliche Grundstellung.

Hachi-Kyu (jap.): Anfänger. Achter Schülergrad. 8. Kyu, weißer oder gelber Gürtel.

Hadaka (jap.): nackt, bloß, frei (z.B. Hadaka-jime = freies Würgen).

Hadaka-jime (jap.): freies Schränkwürgen, Würgegriff.

Hagakure (jap.): wörtlich „im Laub versteckt", oder „verborgene Blätter". Name der berühmten Samurai-Richtlinien (The book of the Samurai), geschrieben 1715 n. Chr. von dem Samurai Yamamoto Tsunetomo und einigen anderen Samurai des Nabeshima-Clans. Es behandelt u.a. die ethischen und philosophischen Prinzipien des „Weges" (Do).
Siehe auch unter Gorin-no-sho.

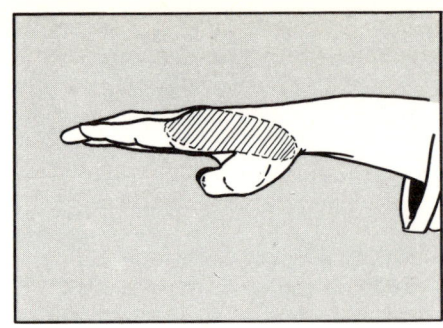

Abb. 50: Haito, die Handinnenkante.

Hai (jap.): Ja! in Ordnung! Bestätigung.

Haira-Kata (jap.): Methoden in der Bodenlage, Grifftechniken anzuwenden. Eingangstechnik. Form des Eintritts, des Beginns einer Technik.

Haishu (jap.): Handrücken.

Haishu-uchi (jap.): Schlag mit dem Handrücken.

Haishu-uke (jap.): Abwehr mit dem Handrücken.

Haisoku (jap.): Spann, Rist, Fußbrücke.

Haito (jap.): Innenkante der Hand (Daumenseite).

Haito-uchi (jap.): Schlag mit der Innenkante der Hand.

Abb. 51: Haito-uchi, Schlag mit der Handinnenkante.

Haito-uke (jap.): Abwehr mit der Innenkante der Hand,

Haiwan (jap.): Rücken (obere Fläche) des Unterarms.

Haiwan-nagashi-uke (jap.): Fegesperre mit dem Unterarm, bzw. Fegeabwehr mit der Oberseite des Unterarms.

Hajime (jap.): der Anfang. Kampfbeginn. „Beginnt.", „Kämpft!", „Los!"; aus den Wettkampf-Regeln.

Haka-kukei-Nunchaku (jap.): achtkantiges Nunchaku-Holz.

Hakama (jap.): Hosenrock, oft grauschwarz gestreift, oder ganz schwarz, von den Männern getragen. Zu Haori oder Montsuki passend.

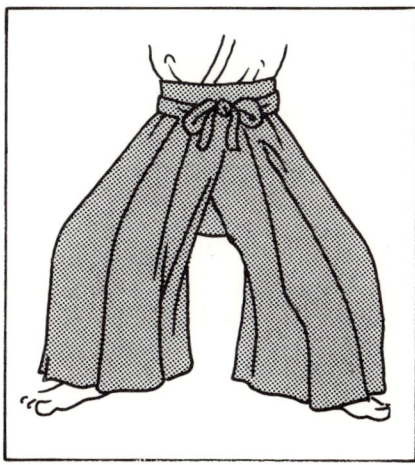

Abb. 52: Hakama, der Hosenrock.

Haku (jap.): weiß.
Bedeutet auch: anziehen.

Haku-tsuru (jap.): Technik des weißen Kranichs im Okinawa-Karate.

Ha-mashi (jap.): Rückseite des Schwertes.

Ha-mon (jap.): Schneidefläche des Schwertes.
Bedeutet auch: vom Training ausgeschlossen sein.

Hanbo (jap.): halber Bo (siehe dort). Asiatischer Schlagstock u.a. im Kukishin-Ryu-System (siehe dort); hat etwa die Maße eines Spazierstocks, 92 cm lang und 2 cm Durchmesser.

Hanbo-jutsu (jap.): der Umgang mit dem Hanbo-Stock (siehe dort).

Han-da-ken (jap.): Vier-Finger-Knöchel.

Hane (jap.): Sprung, Flügel.

Haneru (jap.): springen (strampeln).

Hangetsu (jap.): wörtlich „Halbmond"; Bewegungen ähnlich der Form eines Bogens. Shotokan-Karate-Kata, die zur Abhärtung dient und verschiedene Atem-Techniken beinhaltet. Diese Kata wird auch „Seishan" genannt. Sie umfaßte bei Gichin Funakoshi ursprünglich 41 Bewegungen.

Hangetsu-dachi (jap.): Halbmond-Fußstellung.

Hangetsu-hoko (jap.): Halbmond-Schritt.

Hangetsu-kata (jap.): halbmondförmige Bewegung.

Han-kaiten (jap.): halbe Drehung.

Han-kei-Nunchaku (jap.): zwei halbe Nunchaku-Hölzer ergeben ein Rundholz.

Hanmi (jap.): halber Körper, halb-abgedrehte, halb-seitliche Vorwärtsstellung, halb-frontale- bzw. Schrägstellung (in Zenkutsu-dachi) zum Gegner, z.B. Position vor dem Makiwara (siehe dort).

Hanmi-kamae (jap.): schräge Kampf-stellung, Dreieckstellung.

Hanmi-kokutsu-dachi (jap.): Acht-Stellung.

Hanshi (jap.): Lehrer, hoher Meister. Durch Silben-Verdrehung entsteht Shihan (siehe auch dort).

Hansoku (jap.): sportliches Foul, Ver-warnung, Disqualifikation.

Hansoku-chui (jap.): offizielle Verwar-nung; aus den Wettkampf-Regeln.

Hansoku-gachi (jap.): gewonnen (Sieg) durch Disqualifikation.

Hansoku-make (jap.): Regelverlet-zung, verloren (Niederlage) durch Dis-qualifikation, bei sehr groben Verstö-ßen; aus den Wettkampf-Regeln.

Hantei (jap.): Beurteilung, Entschei-dung, Bewertung, Beschluß; aus den Wettkampf-Regeln.

Hantei-kachi (jap.): Gewinner durch Kampfrichter-Entscheidung.

Hantei-toremas (jap.): bitte Urteil (Entscheidung) abgeben; aus den Wettkampf-Regeln.

Han-uchi-ken (jap.): ausgestreckte, verlängerte Knöchelfaust.

Happo (jap.): in allen Richtungen.

Happo-ken (jap.): Name einer Kata. Den Ellenbogen gebrauchen wie ein Affe, in 8 Richtungen.

Happo-no-kuzushi (jap.): Gleichge-wichtsbrechen in allen Richtungen.

Happo-Kumite (jap.): Training für

Schritt- und Körperbewegungen so-wie Schulung auf instiktive Reaktion gegen Angriffe aus verschiedenen Richtungen.
Eine größere Zahl von Angreifern bil-det einen Kreis. Der Abwehrende steht in der Mitte. Die Angreifer sagen jeden Angriff an.

Hara (jap.): Bauch, Nabel, (Einge-weide), psycho-physische Mitte des Menschen, Schwerpunkt, Kraftzen-trum. Ist ein Teil der ostasiatischen Philosophie und „die Vitalität des Satori". In Japan auch bekannt unter dem Begriff „Kikai-tanden".
Siehe auch unter Ki und Ch'i.

Hara-gei (jap.): Hara trainieren. Die Kunst, das Ki (siehe dort) in der Kör-permitte zu konzentrieren. Eine un-sichtbare Technik zur Entwicklung des Tanden (siehe dort).

Hara-kiri (jap.): Im Westen bekannte Bezeichnung für das japanische Sep-puku (siehe dort), „Bauchaufschnei-den", Selbstmordzeremonie der Sa-murai als freiwillige Strafe, anstelle der entehrenden Hinrichtung. Ent-stand erstmals um 1170 n. Chr. wäh-rend der Heian-Periode (siehe dort).

Abb. 53: Samurai, während der Zeremo-nie des Hara-kiri.

Hara-Kuatsu (jap.): japanische Kunst der Wiederbelebung durch Massage des Hypogastriums (siehe dort); die Massagepunkte sind: Ta-ro, Koe-zae und Tsri-Tschrong.

Hara-wo-nero (jap.): das trainieren (und abhärten) der Bauchmuskeln.

Harai/barai (jap.): fegen, mähen.

Harai-te (jap.): schwingende Hand.

Harai-uke (jap.): schwingender Abwehr-Block.

Harai-waza (jap.): Gruppe sämtlicher Schwing-Techniken.

Haru (jap.): ausdehnen, ausbreiten. Bedeutet auch: Frühling.

Hasami (jap.): Schere (der Krabbe). Siehe auch unter Basami.

Hasami-uchi (jap.): Scherenschlag.

Hasami-waza (jap.): Gruppe sämtlicher Scherenschläge.

Hasami-zuki (jap.): Scherenkreisschlag, Scherenstoß. Doppelt-Faust-Technik, bei der Vorder- und Rückseite des Gegners zur gleichen Zeit angegriffen werden.

Abb. 54: Hasami-zuki, Scherenkreisschlag.

Hashi (jap.): Linie der Kampffläche.

Hasso-Kamae (jap.): bewegliche, gewandte Position.

Hata (jap.): Fahne des Kampfrichters.

Hatamoto (jap.): gleichbedeutend mit Samurai; der Hatamoto unterstand jedoch direkt dem Shogun (siehe dort).

Hato-mune (jap.): Brustbein, Atemi-Angriffspunkt.

Hearn, Lafcadio: Schriftsteller und erster Berichterstatter über die japanischen Kampfkünste in Amerika und Europa. Japankenner. Geboren am 27. 6. 1850. Hearn schrieb viele Bücher über Japan. Sein erstes Buch hieß „Izumo" (Blicke in das unbekannte Japan), ihm folgte „Out of East" (deutsche Ausgabe: „Kyushu" = Träume und Studien aus dem neuen Japan), hier gibt er einen faszinierenden Bericht über das damalige Jiu-Jitsu und Judo, über seine Entwicklung und Umwandlung.
Sein drittes Buch hieß „Lotos" und „Kokoro" (das Herz) sein viertes. Dem Buch „Kwaidan" (Seltsame Geschichten und Studien aus Japan) folgte sein letztes Werk „Buddha".

Abb. 55: Lafcadio Hearn, englischer Schriftsteller und frühester Berichterstatter über die asiatischen Kampfkünste in Europa.

Lafcadio Hearn starb am 26. 9. 1904 im Alter von nur 54 Jahren. Bis zu seinem Tode war er als Professor für Englisch an der Kaiserlichen Universität in Tokio tätig.

Heian (jap.): wörtlich „Friede", „Ruhe", friedfertiger Geist. Auch der Name der fünf fundamentalen, grundlegenden Shotokan- und Shorin-ryu-Karate Kata (Heian-Shodan, -Nidan, -Sandan, -Yondan- und -Godan) entwickelt von Yasutsune Itosu (siehe dort) zwischen 1903 und 1906.

Heian-Periode: 391 Jahre dauernder Zeitraum der japanischen Geschichte zwischen 794 und 1185 n. Chr. Während der Kriege im Norden (von 1051–1087 n. Chr.) bilden sich die mächtigen Taira- und Minamoto-Kriegerfamilien. Außerdem ensteht die Samurai-Klasse. Die Selbstmord-Zeremonie Seppuku (Hara-kiri) ist erstmals um 1170 geschichtlich nachweisbar.

Heigo (jap.): Sprachform des Kämpfers, Sprache des Kampfsportlers, aus der japanischen Feudalzeit stammend.

Heiho (jap.): hei = Krieger, ho = Methode. Weg des Kriegers, Gesetz der Samurai, Kampfmethode, Kampfstrategie. Von Musashi (siehe dort) auch genannt „Niten-ichiryu". Zu diesen Themen gab es in Japan früher viele Fachbücher (Chroniken, Kampf-Strategien).

Wenn das Wort Heiho mit japanischen Schriftzeichen geschrieben wird, bedeutet es „die Methode des Soldaten"; wenn es mit chinesischen Zeichen geschrieben wird, bedeutet es „der Weg des Friedens".
Die Chinesen haben ein ähnliches Wortspiel: das chinesische Zeichen Ping-Fa (das dem japanischen Heiho entspricht) bedeutet wörtlich „kriegerische Methode". Wenn es jedoch mit einer kleinen Abweichung als P'ing-Fa geschrieben wird, bedeutet es „friedliche Methode".

Heijo-shin (jap.): Gleichgewicht, Balance.
Bedeutet auch: Durchschnitt.

Heiko (jap.): Gleichgewicht (bewahren).

Heiko-dachi (jap.): offene Parallelstellung.

Heiko-zuki (jap.): Parallelstoß.

Abb. 56: Heiko-zuki, der Parallelstoß.

Heisoku-dachi/tachi (jap.): Grundstellung, formlose, zwanglose Bereitschaftsstellung, mit geschlossenen Füßen.

Abb. 57: Heisoku-dachi, Grundstellung mit geschlossenen Füßen.

Henka (jap.): Wechsel, wechseln, überwechseln, Variation. Bedeutet auch: ab- und umändern.

Henka-waza (jap.): fließende, ineinander-übergehende Techniken.

Heso (jap.): Nabel, Atemi-Angriffspunkt.

Hichi-no-kamae (jap.): Verteidigungsstellung mit einem Bein.

Hichu (jap.): Adamsapfel, Kehlkopf. Atemi-Angriffspunkt.

Hidari (jap.): links, linksseitig.

Hidari-ashi-dachi (jap.): Standbein links.

Hidari-eri-dori (jap.): ergreifen des linken Revers.

Hidari-hiza-kussu (jap.): linkes Knie gebeugt.

Hidari-jigotai (jap.): linke Verteidigungsstellung.

Hidari-kamae (jap.): linke Stellung.

Hidari-kokutsu-dachi (jap.): linke Rückwärtsstellung.

Hidari-kote (jap.): linker Unterarm.

Hidari-mae-hangetsu-dachi (jap.): linke Halbmondstellung.

Hidari-mae-hiza-kussu (jap.): linkes unteres Knie ist gebeugt.

Hidari-mae-hiza-yaya-kussu (jap.): linkes vorderes Bein ist etwas gebeugt.

Hidari-mae-neko-ashi-dachi (jap.): linke Katzenfußstellung.

Hidari-mae-shinzentai (jap.): linke natürliche Grundstellung.

Hidari-shizentai (jap.): linke Normalstellung.

Hidari-teiji-dachi (jap.): linke „T"-Stellung.

Hidari-waki-gamae (jap.): linke Haltung (Position).

Hidari-zenkutsu-dachi (jap.): linke Vorwärtsstellung.

Hiden (jap.): „einweihen in...", geheime Überlieferungen, Geheimlehren. Die Summe von körperlichen und geistigen Erfahrungen, übermittelt vom Meister an den besten Schüler.

Higashionna, Kanryo (auch oft Higaonna geschrieben): „Der Heilige des Faustschlages", japanischer Großmeister des Naha-te (siehe dort) und Vater des Goju-ryu-Karate; Boxlehrer und Karate-Pionier auf Okinawa. Lebte von 1851 bis 1915. Freund von Yastusune Itosu (siehe dort). Sein bester Schüler war Chojun Miyagi (siehe dort).

Abb. 58: Kanryo Higashionna, der „Heilige des Faustschlages" und Vater des Goju-ryu-Karate.

Hiji (jap.): Ellenbogen.
Siehe auch unter Empi.

Hiji-age-uchi (jap.): aufsteigender Ellenbogenschlag.

Hiji-ate (jap.): Ellenbogenschlag, Stoß.
Auch Empi-uchi genannt.

Hiji-ate-waza (jap.): Gruppe sämtlicher Schlagtechniken mit dem Ellenbogen.

Hiji-chudan-ate (jap.): Ellenbogenschlag, mittlere Stufe.

Hiji-gaeshi (jap.): Ellenbogen-Wurf.
Auch Suisha-gaeshi (= das Wasserrad drehen) genannt.

Hiji-jodan-ate (jap.): Ellenbogenschlag, obere Stufe.

Hiji-ni-soeru (jap.): ergreifen des Ellenbogens.

Hiji-oroshi-uchi (jap.): Ellenbogenschlag nach unten.

Hiji-suri-uke (jap.): Abwehr mit gleitendem Ellenbogen.

Hiji-tsume (jap.): Rückseite des Ellenbogens.

Hiji-uchi (jap.): Ellenbogenschlag.

Hiji-uke (jap.): Ellenbogenabwehr.

Hiji-waza (jap.): Gruppe sämtlicher Ellenbogen-Techniken.

Hiki (jap.): Zug, ziehen.

Hiki-ageru (jap.): sich zurückziehen (vom Kampf).

Hiki-ashi (jap.): zurückziehener Fuß.
Siehe auch unter Hiki-te.

Hiki-bana-waza (jap.): Angriffstechnik beim Zurückgehen des Gegners.

Hiki-tate (jap.): Spezialübungen, besonders hartes Training.

Hiki-tate-geiko (jap.): Übungsform bei der ein Älterer einen Jüngeren trainiert.

Hiki-te (jap.): zurückziehende Hand. Eine der normalen Aktion entgegengesetzte Bewegung, um mehr Kraft und Schnelligkeit oder besseres Gleichgewicht zu erreichen.

Hiki-uchi (jap.): Schlag während des Zurückgehens.

Hiki-wake (jap.): „Unentschieden!"; aus den Wettkampf-Regeln.

Hiki-waza (jap.): angewendete Technik im Zurückweichen.

Hikkomi (jap.): „Es gibt kein zurück mehr!"
Bedeutet auch: unerlaubt zu Boden drücken.

Hikui (jap.): niedrig, zu tief getroffener Schlag.

Himo (jap.): Schnurverbindung zwischen den Nunchaku-Hölzern.

Hineri (jap.): drehen, umdrehen.

Hineri-empi-uchi (jap.): gedrehter Ellenbogenschlag.

Hineri-geri (jap.): gedrehter Tritt.

Hineri-hanmi (jap.): Drehung des Rumpfes.

Hineri-kagi-zuki (jap.): gedrehter (hakenförmiger) Faustschlag.

Hineri-mawashi-geri (jap.): gedrehter Halbkreis-Fußtritt.

Hineri-te (jap.): drehende (rotierende) Hand.

Hineri-ushiro-geri (jap.): gedrehter Fußtritt, rückwärts.

Hineri-yoko-empi (jap.): gedrehter seitlicher Ellenbogenschlag.

Hineri-zuki (jap.): gedrehter Faustschlag.

Hira (jap.): flach, Handfläche.

Hira-hasami (jap.): Schere, gebildet durch die beiden Handflächen.

Hira-ichimonji-no-kamae (jap.): Ausgangsstellung.

Hira-ken (jap.): flache Faust, Vorderknöchelfaust.

Hira-ken-zuki (jap.): Stoß mit der Vorderknöchelfaust.

Hira-ki-ashi (jap.): Ausfallschritt, Schrittfolge.

Hira-ki-mi (jap.): offene Körperhaltung.

Hira-te (jap.): flache (offene) Hand, Innenseite der Hand.
Auch: Vorderknöchel.

Hira-te-uchi (jap.): Schlag mit der offenen Hand.

Hishigi (jap.): strecken, gestreckt, drehen.
Bedeutet auch: zerschlagen, zerbrochen werden.

Hishiryo (jap.): jenseits des rationellen Denkens. Denken ohne zu denken. Nichtdenken.
Siehe auch unter Wuwei.

Hitai (jap.): Stirn

Hitosashi-yubi-ippon-ken (jap.): Vierfinger-Faust.

Hittsui (jap.): Knie.
Siehe auch unter Hiza.

Hittsui-geri (jap.): Stoß mit dem Knie.

Hiza (jap.): Knie.

Hiza-age-ate (jap.): Aufwärts-Knieschlag.

Hiza-age-uchi (jap.): Aufwärts-Kniestoß.

Hiza-basami (jap.): Beinschere.
Siehe auch unter Kani-basami.

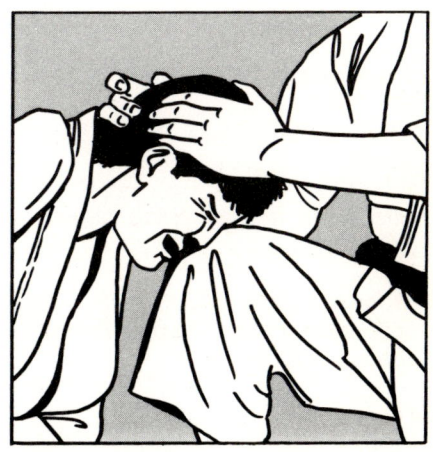

Abb. 59: Hiza-geri, der Stoß mit dem Knie.

61

Hiza-ganmen-geri (jap.): Kniestoß zum Gesicht.

Hiza-gashira (jap.): Kniescheibe.

Hiza-gashira-ate-waza (jap.): Gruppe sämtlicher Kniescheibenstöße.

Hiza-geri (jap.): Kniestoß.

Hiza-kansetsu (jap.): Kniegelenk.

Hiza-ke-age (jap.): Kniestoß aufwärts.

Hiza-maki (jap.): Fortbewegung auf den Knien.

Hiza-otoshi-ate (jap.): Kniestoß abwärts.

Hiza-sukui-hineri (jap.): drehende Knie-Schaufel.

Hiza-tsubomi (jap.): Kniespitze.

Hiza-uchi (jap.): schlagen (stoßen) mit dem Knie.

Hiza-uke (jap.): abwehren mit dem Knie.

Hiza-zuki (jap.): Kniestoß.

Hizo (jap.): Milz, Atemi-Angriffspunkt.

Hizo-uchi (jap.): Schlag gegen die Milz.

Hoba-no-Geta (jap.): Holzsandalen mit sehr hohen Laufflächen (Leisten),z.B. für Regenwetter.

Hojo-undo (jap.): ergänzende, zusätzliche (vervollständigende) sportliche Bewegung.

Abb. 60: Hiza-uke, abwehren mit dem Knie.

Hoko (jap.): gehen, Gang, Richtung. Bedeutet auch: japanische Hellebarde.

Hoko-jutsu (jap.): die Kunstfertigkeit des Gehens. Bedeutet auch: die Kunstfertigkeit mit der Hellebarde zu kämpfen.

Hokyo (jap.): verstärken.

Hokyo-undo (jap.): Training zur Stärkung der Muskulatur (durch Bewegung).

Hon (jap.): normal, grundsätzlich. Bedeutet auch: Wurzel, Basis.

Honbu / Hombu (jap.): Zentrum, Hauptquartier, Zentral-Dojo der asiatischen Kampfkünste in Tokio.

Honcho Gu gei Shoden (jap.): Geschichte der militärischen Künste in Japan. Geschrieben während der Shotuko-Periode (1711–1715 n. Chr.). Gilt als früheste literarische Quelle des Jiu-Jitsu. Verfasser: Shigetaka Hitaka.

Hon-ken (jap.): normale Faust.

Horyu (jap.): Prüfung nicht bestanden oder „unter Vorbehalt" bestanden. Wiederholung gefordert.

Hotaku (jap.): Spechtklopfen, siehe auch unter Goju-shiho-sho.

Hsing-I (chin.): chinesische weiche oder innere Kampfkunst, deren Stellungen auf den fünf Grundelementen der chinesischen Kosmologie beruhen, und deren Formen nach Tieren benannt sind. Die Bewegungen erfolgen in geraden Linien. Hsing-I dürfte die älteste der chinesischen Kampfkünste sein.

Hyori-uchi (jap.): Doppelschlag nach oben und unten.

Hyoshi (jap.): Rhythmus, Takt.

Hypogastrium (jap.): Gegend des Unterbauches; Atemi-Angriffspunkt.

I (chin.): Geist, geistige Kraft

Iai-Do (jap.): wörtlich „der Weg des (schnellen) Schwertziehens". Ritueller Bewegungsablauf, bei dem das Schwert gezogen und gegen einen imaginären Gegner geschlagen, gereinigt und wieder in die Scheide zurückgeführt wird.
Iai-Jutsu = die Kunstfertigkeit des blitzschnellen Schwertziehens.

Ibo (jap.): zwei Schritte, Doppelschritt.

Ichi (jap.): eins, eine, einer.

Ibuki (jap.): Atemtechnik (starkes Ausatmen bei angespannter Muskulatur).

Ichi-boyshi (jap.): wörtlich „in einem Atemzug".

Ichi-Dan (jap.): 1. Dangrad, Erster schwarzer Gürtel (auch Sho-Dan genannt).

Ichi-Kyu (jap.): 1. Kyugrad. Brauner Gürtel. Letzte Graduierung innerhalb der Schülergrade.

Idori (jap.): sitzend; Bewegungen im sitzen.

I-Ging (chin.): chinesisches „Buch der Wandlungen". Weisheits- und Orakelbuch, das die asiatische Philosophie stark beeinflußt hat.

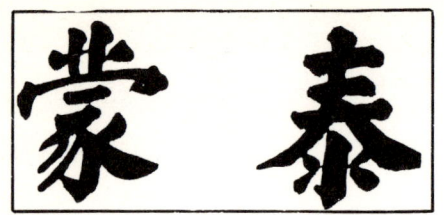

Abb. 61: chinesische Schriftzeichen für I-Ging.

Ikken-hissatsu (jap.): wörtlich „mit einem Schlag töten".

Ik-Kyu (jap.): 1. Schülergrad, Chairoobi = brauner Gürtel.

Abb. 62: Kampfrichter-Handzeichen für Ippon.

Ikkyu-ni-rei: (jap.): Gruß zum Träger des braunen Gürtels.

In und Yo (jap.): Yin- und Yang-Symbol.

Inazuma (jap.): Bauch-Seite. Siehe auch unter Denko.

Ippon (jap.): Punkt, voller Punkt; aus den Wettkampf-Regeln.
Bedeutet auch: eins, einzel.

Ippon-gachi (jap.): Sieg durch Punkt.

Ippon-Jiyu-Kumite (jap.): freier Partnerkampf um einen Punkt.

Ippon-ken (jap.): Ein-Punkt-Faust, Ein-Knöchel-Faust. Faust, bei der der Knöchel eines Fingers hervorsteht.

Ippon-ken-zuki (jap.): Stoß mit der Ein-Knöchel-Faust.

Ippon-Kumite (jap.): einmaliger Angriff, Angriff und Abwehr um einen Punkt. Vorgeschriebener Zweikampf. Ein-Schritt-Partnerübung.

Ippon-Nuki-te (jap.): Ein-Finger-Speerhand.

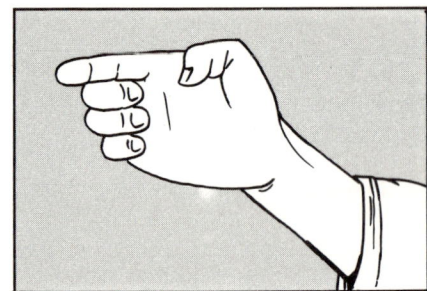

Abb. 63: Ippon-Nuki-te, die Ein-Finger-Speerhand.

Ippon-shiai (jap.): Kampf um einen Punkt.

Ippon-shobu (jap.): Kampf um einen Punkt.

Irimi (jap.): mit dem Gegner harmonisierende Körperbewegung; direkter Eingang; Eingangsschritt; einleiten oder weiterführen der Kampftechnik.

Iryuki (jap.): Kinnspitze, Atemi-Angriffspunkt.

Isshi-ken (jap.): ausgestreckter Zeigefinger.

Isshin-ryu (jap.): Karate-Stilrichtung, wörtlich „Schule der Ein-Herz-Methode", begründet von Tatsuo Shimabuku, geb. 1908 auf Okinawa. Als Symbol gilt die Wassergöttung „Mizugami".
Bekannte Kata: Seisan.

Abb. 64: Isshin-ryu-Symbol Mizu-gami, die Wassergöttin.

Itami (jap.): Schmerzen.

Itami-sabaki (jap.): den Angriff des Gegners mit starker Abwehrtechnik brechen.

Itami-wake (jap.): Sieg durch schuldlose Verletzung des Gegners, aus den Wettkampf-Regeln.

Itosu, Yasutsune „Anko": berühmter japanischer Faustkämpfer („die heilige Faust des Shuri-te") und Pionier des Karate auf Okinawa. Lebte von 1830 bis 1915 und war u.a. Lehrmeister von Gichin Funakoshi.

Japan: Ursprungsland des modernen (neuzeitlichen) Karate im Fernen Osten, östlich von Asien am Pazifischen Ozean gelegen. „Land der aufgehenden Sonne". Eineinhalbmal so groß wie die Bundesrepublik Deutschland mit ca. 117 Millionen Menschen.
Japanisch = Nihon oder Nippon.

Jida-kasenka (jap.): untere Ohrmuschelvertiefung, Atemi-Angriffspunkt.

Jien-Kumite (jap.): Freistilkampf.

Jigo (jap.): Abwehr, Verteidigung.

Jigo-tai (jap.): Abwehr- bzw. Verteidigungs-Stellung; defensive Haltung.
Hidari-jigo-tai = linke Verteidigungsstellung,
Migi-jigo-tai = rechte Verteidigungsstellung.

Ji-in (jap.): Karate-Kata der Shotokan-Schule, von Funakoshi auch Shokyo genannt, aus dem Tomari-te stammend und zur selben Gruppe wie Jitte und Jion gehörend.

Jikan (jap.): abstoppen, Unterbrechung, Zeit-Stop, Aus.

Jiku-ashi (jap.): Drehbein

Jime/Shime (jap.): würgen, Würgegriffe.

Jinchu (jap.): Oberlippe, Atemi-Angriffspunkt.

Jinzo (jap.): Nieren, Atemi-Angriffspunkt.

Jion (jap.): wörtlich „Liebe" oder „Gnade". Shotokan- und Wado-ryu-Karate-Kata. Wie Jitte und Ji-in aus der Tomari-Gegend der Ryukyu-Insel Okinawa stammend und zur gleichen Gruppe gehörend. Angeblich aus China überliefert, da in alter chin. Literatur der buddhistische Begriff „Jion" existiert. Die sanften Bewegungen dieser Kata lassen die vollendete körperliche und geistige Reife Buddhas erkennen.
Typische Shotokan-Kata, die u.a. fundamentale Fußstellungen wie z.B. Zenkutsu-dachi, Kokutsu-dachi und Kiba-dachi beinhaltet.
Siehe auch unter Shitei-kata.

Jisai (jap.): Selbstrichtung. Hara-kiri = Seppuku (siehe dort) der Meiji-Reform; abgeschafft im Jahre 1973.

Jissen (jap.): tatsächlicher Kampf.

Jissen-Gata (jap.): wörtlich „ein Mann des echten (tatsächlichen) Kampfes". Viele Karate-Schüler benannten früher in Japan so einen Karate-Meister.

Jitsu, Jutsu (jap.): Kunst, Technik; das Handwerkliche.
Ken-jutsu = Schwertkampf,
Yari-jutsu = Speerkampf,
Bo-jutsu = Stockkampf,
Jo-jutsu = Stockkampf,
Shuriken-jutsu = Umgang mit dem Shuriken,
Kyu-jutsu = Bogenschießen.
Kusarigama-jutsu = Umgang mit dem Kusari-gama,
Tanto-jutsu = Messerkampf,
Kyoketsu-shogi-jutsu = Umgang mit dem Kyoketsu-shogi

Chigiriki-jutsu = Kampftechniken mit dem Stock und Kette,
Naginata-jutsu = Umgang mit der Naginata,
Ho-jutsu = Umgang mit den Feuerwaffen,
Iai-jutsu = Kunst des Schwertziehens,

Jitsu-ryo-ku-gata (jap.): wörtlich „ein wirklich fähiger, kunstfertiger Mann".

Jitte (jap.): kurze, 27 kraftvolle Bewegungen umfassende Shotokan-Karate-Kata, mit Angriffs- und Verteidigungs-Techniken. Wörtlich „zehn Hände", da sie einen Abwehrkampf gegen 10 Gegner (und gegen Bo-Stab-Angriffe) ermöglicht. Namensgebung auch von der Einzack-Sai „Jitte" wahrscheinlich. Die Kata stammt aufgrund der Ähnlichkeit der Soto-uke-gamae-Stellung aus der Tomari-Gegend der Ryukyu-Insel Okinawa.
Auch: kurzes Stumpf-Schwert, frühere japanische Polizeiwaffe der Metsube-Feudal-Inspektoren aus der Edo-Zeit. „Kleiner Bruder" der Sai-Gabel (siehe dort), mit nur einer Kreuz- bzw. Abfang-Stange.

Jitte-jutsu (jap.): die Kunst im Umgang mit der Jitte.

Jiu/Ju (jap.): nachgeben, sanft, ausweichen; das Kämpfen mit anderen (ohne) Waffen.

Jiu-Jitsu, Ju-Jutsu (jap.): früheste und noch heute gültige Form der japanischen Selbstverteidigung ohne Waffen; Vorläufer des heutigen modernen Judo und anderer Kampf-Disziplinen; ursprüngliche Kunst der Samurai (siehe dort).
Auch „Yawara" genannt.

Abb. 65: frühere Jiu-Jitsu-Technik, aus dem Buch „Das Kano Jiu-Jiutsu (Jiudo)", von Hancock und Higashi.

Jiyu (jap.): Freiheit, frei sein. Freiheit der verschiedenen Bewegungen.

Jiyu-ippon-Kumite (jap.): halbfreier Partnerkampf. Realer Angriff und kampfmäßige Abwehr (einmal). Ziel: Entwicklung des Gefühls für Abstand und Zeitwahl.

Jiyu-Kumite (jap.): freier Partnerkampf, freies kämpfen, Trainingskampf, Turnierkampf.

Jiyu-renshu (jap.): freies Training. Siehe auch unter „Randori".

Jo (-Stab) (jap.): 1,30 m langer und ca. 2,2 cm dicker Schlagstock aus asiatischem Hartholz, Teil des Bo-jitsu-Trainings.

Jobutsu (jap.): Ausdruck des Zen für die Verwirklichung des eigenen Buddha-Wesens (Bussho). Siehe auch unter Jodo.

Jodan (jap.): obere Angriffsstufe, Kopf und Hals.

Jo-Dan (jap.): obere Stufe, Sammelname für den 1.–5. Dangrad (Meistergrad).

Jodan-age-uke (jap.): Faustabwehr nach oben, Abwehr obere Stufe.

Jodan-age-zuki (jap.): Fauststoß obere Stufe.

Jodan-ate (jap.): Schlag, Stoß, Hieb nach oben.

Jodan-choku-zuki (jap.): gerader Fauststoß zur oberen Stufe.

Jodan-gamae (jap.): obere Haltung.

Jodan-juji-uke (jap.): Überkreuzabwehr obere Stufe.

Abb. 66: Jodan-juji-uke, Überkreuzabwehr, obere Stufe.

Jodan-kakiwake-uke (jap.): umgekehrter Keilabwehr obere Stufe.

Jodan-kekomi (jap.): gerader Fußstoß zur oberen Stufe.

Jodan-kosa-uke (jap.): Überkreuzabwehr obere Stufe.

Jodan-mae-geri (jap.): Fußstoß nach vorn zur oberen Stufe.

Jodan-oshi-dashi (jap.): Preßstoß obere Stufe.

Jodan-shuto-uke (jap.): Handkantenabwehr obere Stufe.

Abb. 67: Jodan-shuto-uke, Handkantenabwehr, obere Stufe.

Jodan-tsukami-uke (jap.): Greifabwehr obere Stufe.

Jodan-uchi (jap.): Faustschlag obere Stufe.

Jodan-uchi-uke (jap.): Abwehr obere Stufe, von innen nach außen.

Jodan-uke (jap.): Abwehr obere Stufe.

Jodan-ura-zuki (jap.): Nahfauststoß obere Stufe.

Jodan-yoko-uchi-barai (jap.): Seitwärts-Fegeabwehr obere Stufe.

Jodan-yoko-uke (jap.): Seitwärtsabwehr obere Stufe.

Jodan-zuki (jap.): Faustangriff obere Stufe, zum Gesicht.

Jodo (jap.): wörtlich „Verwirklichung des Weges" (Do).
Auch Jobutsu genannt (siehe dort).

Jogai (jap.): außerhalb der Kampf-(Übungs-)fläche.

Jogai-keikoku (jap.): Verwarnung außerhalb der Kampffläche; aus den Wettkampf-Regeln.

Jogai-nakae (jap.): „Zurück zur (Matten-)Mitte!"; aus den Wettkampf-Regeln.

Jogaku (jap.): Kinn, Kiefer.

Jogaku-shiso-tokkí (jap.): Oberkiefer, Zahnausläufer, Atemi-Angriffspunkt.

Jo-Jutsu (jap.): Kunst (-Fertigkeit) des Stockkampfes.

Joseki = obere Seite, Ehrenplatz für die Lehrer; Jury; gegenüber Shimoseki gelegen. Zur Dojo-Raumaufteilung und -Etikette gehörend.

Joso-kutei (jap.): Fußkante, angehobene Fußsohle.

Jo-tori (jap.): Stockschlag.

Ju (jap.): wie „Jiu" = sanft, geschmeidig, nachgebend.
Bedeuted auch: zehn.

Juban-no-ma-ai (jap.): richtiger Abstand zwischen zwei Teilnehmern.

Jubin-taisho (jap.): gymnastische Übungen, Vorbereitungen.

Ju-Dan (jap.): 10. Dan. Träger des zehnten Meistergrades.

Judo (jap.): „Der sanfte Weg", japanischer Kampfsport, 1882 begründet und reformiert von Professor Jigoro Kano (siehe dort); seit 1964 (Tokio) olympische Disziplin. Würfe, Bodentechniken oder Kampfrichter-Entscheid bewirken den Sieg über den Gegner.

Abb. 68: japanisches Judo, um 1900.

Juji (jap.): Kreuz, über Kreuz, quer.

Juji-uke (jap.): Überkreuzabwehr, X-Abwehr, Kreuzblock.

Ju-Jutsu (jap.): die Kunst der japanischen Selbstverteidigung, die in der modernen Ausführung auch die Techniken aus dem Judo, Aikido, Karate und dem alten Jiu-Jitsu beinhaltet.
Siehe auch unter Jiu-Jitsu.

Ju-ken (jap.): schwache, weiche, sanfte Faust.

Junib-undo (jap.): Lockerungs- und Aufwärm-Übungen, Vorbereitungs-Training.

Junin-gake (jap.): einer gegen zehn, nacheinander.

Jun-kaiten (jap.): gleichgerichtete Drehung.

Jushin (jap.): Zentrum des Schwerpunktes.
Siehe auch unter „Hara".

Jutsu (jap.): Kunst, Technik, das handwerkliche Können.
Siehe auch unter Jitsu.

Kachi (jap.): gewinnen, der Sieg.

Kachi-eru (jap.): Erfolg, Ruhm.

Kachi-nuku (jap.): hintereinander siegen, bis zum Ende durchkämpfen.

Kachi-nuku-shiai (jap.): der Gewinner kämpft weiter. Kampf in einer Linie.

Ka-dachi / Katachi (jap.): Figur, Haltung, Form.

Kaeshi / Gaeshi (jap.): Abwehr eines Angriffs, Gegentechnik, Konteraktion.

Kaeshi-Ippon-Kumite (jap.): Mehrere hintereinander folgende wechselnde Angriffe und Abwehren. Kampffolge: Angriff, Abwehr und Angriff.

Kaeshi-waza (jap.): Gruppe sämtlicher Abwehrangriffe, -Schläge, -Stöße und Gegenwürfe.

Ka-fuku-bu (jap.): unterhalb des Bauches, Unterleib.

Kagaku (jap.): Unterkiefer.

Kagi-geri (jap.): sichel- oder hakenförmiger Tritt.

Kagi-zuki (jap.): sichel- oder hakenförmiger Fauststoß.

Kai/Kwai (jap.): Gemeinschaft, Gruppe, Sportclub.

Kaiken-Tanto (jap.): Dolch mit Hülle.

Kaikyo-shiai (jap.): Kampf in einer Linie.

Kaisetsu (jap.): Erklärung, Hinweis, Richtlinien.

Kaisho (jap.): offene Hand.

Kaiten (jap.): drehen, rotieren, rollen.

Kaiten-geri (jap.): gedrehter Tritt.

Kaiun-no-te (jap.): wörtlich „die Wolken mit den Händen nach beiden Seiten schieben". Kata-Bewegung bzw. -Handform u.a. in der Unsu-Kata anzutreffen.

Kakae (jap.): einarmige Umarmung, umfassen.

Kakari-geiko (jap.): Training eines harten Angriffs, unter Belastung, gegen einen sich sperrenden (abwehrenden) Gegner.

Kakato (jap.): Hake, Ferse.
Siehe auch unter Ensho.

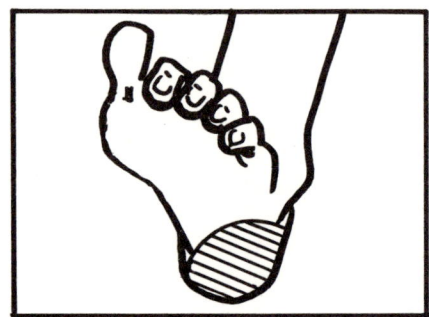

Abb. 69: Kakato, die Ferse.

Kakato-ate-waza (jap.): Gruppe sämtlicher Fersenschläge und -Tritte.

Kakato-geri (jap.): Fersentritt.

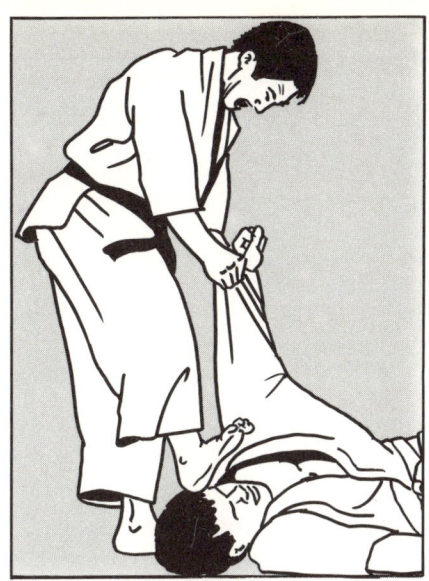

Abb. 70: Kakato-geri, der Fersentritt.

Abb. 71: Kake-dachi, hakenförmige Stellung.

Kake (jap.): Sperrtechnik.
Bedeutet auch: Endphase des Wurfes. Bedeutet auch: Schwertständer.

Kake-dachi (jap.): hakenförmige Stellung.

Kake-dameshi (jap.): Kraft-Test, Kraft-Übung.

Kake-no-kamae (jap.): Kreuzstellung.

Kake-shuto-uke (jap.): Handkantenschlag-Abwehr, hakenartig.

Abb. 72: Kake-shuto-uke, hakenförmiger Handkantenschlag.

Kake-te (jap.): Hakenhand.

Kake-uke (jap.): Hakenabwehr.

Kake-waza (jap.): Gruppe sämtlicher hakenförmiger Techniken.

Kakiwake-orosu (jap.): Stoß nach unten.

Kakiwake-uke (jap.): blockieren mit beiden Armen, beidhändiges Auseinanderdrücken, umgekehrte Keilabwehr.

Abb. 73: Kakiwake-uke, blockieren mit beiden Armen.

Kakuto (jap.): gebogenes, gekrümmtes Handgelenk, Handwurzel-Gelenk. Bedeutet auch: Kranich- oder Küken-Kopf.
Bedeutet auch: eine Rauferei.

Kakuto-uke (jap.): Abwehr mit dem gekrümmten Handgelenk.

Abb. 74: Kakuto-uke, Abwehr mit dem gekrümmten Handgelenk.

Kama (jap.): Sichel, Sense. Asiatisches Verteidigungs- und Trainings-Gerät, stammt ursprünglich aus Neu-Guinea.

Kamae (jap.): Position der Vorbereitung, Kampfstellung, kampfbereite Haltung.
Hidari-kamae = linke Körperstellung,
Migi-kamae = rechte Körperstellung
Shizen-tai = natürliche Körperstellung.
Beobachtende Position = Gassho-no-kamae, Fudoza-no-kamae, Seizano-kamae
Abwehrende Position = Ichimonji-no-kamae, Doko-no-kamae, Hichi-no-kamae
Empfangende Position = Shizen-no-kamae, Hira-ichimonji-no-kamae, Hoko-no-kamae
Angreifende Position = Jumonji-no-kamae, Kosei-no-kamae

Abb. 75: Kama-Technik, demonstriert von Fumio Demura.

Kamae-Kata (jap.): Haltung.

Kamae-te (jap.): Kommando, eine Angriffsstellung oder Position einzunehmen. Fangt an! Fertig! Nehmt die Kampfstellung ein!

Kamakura-Periode: 148 Jahre dauernder Zeitraum der japanischen Geschichte zwischen 1185 und 1333 n. Chr. Erstmals entsteht der Samurai-Ehrenkodex des Bushido (siehe dort). Auch: japanische Stadt und Bezirk, an der Sagami-Bucht gelegen.

Kami (jap.): oberer Körper, oberhalb. Bedeutet auch: Gottheiten des Shinto (siehe dort).

Kamikaze (jap.): wörtlich: „Götterwind".
Der große Taifun, der 1281 die mongolische Flotte vernichtete. – Auch die japanischen Todesflieger des 2. Weltkrieges, die sich mit ihren mit Sprengstoff beladenen Einmann-Flugzeugen auf gegenerische Ziele (Schiffe etc.) stürzten, wurden so genannt.
Heute: Name der Taxis in Tokio.

Kami-no-ashi (jap.): der am nächsten zur Kamiza (siehe dort) stehende Fuß.

Kami-no-michí (jap.): Weg der Götter.
Ideologie im Shintoismus (siehe dort).

Kamiza (jap.): oberer Sitz, hoher Sitz, Ehrenplatz, Residenz des Hausherrn oder der Meister, Sitz der Götter. Zur Dojo-Raumaufteilung und -Etikette gehörend. Man verbeugt sich beim Kommen und Gehen im Dojo zur Kamiza. Gegenüber Shimoza gelegen.

Shimoseki (untere Seite)		
Shimoza (unterer Sitz)		Kamiza (oberer Sitz)
	Joseki (obere Seite)	

Abb. 76: Dojo-Raumaufteilung, mit Kamiza.

Kamiza-ni (jap.): ausrichten der Kämpfer oder Teilnehmer zur Flagge, zum oberen Sitz.

Kamiza-ni-rei (jap.): Gruß der Kämpfer oder Teilnehmer zur Flagge, zum oberen Sitz.

Kanazawa, Hirokazu: großer japanischer Karatemeister, geboren 1931 in der Provinz Iwate in Japan. 8. Dan. Gründer und Hauptlehrer der internationalen Kokusai-Shotokan-Bewegung, die Mitglieder in mehr als 40 Ländern trainiert. Buch-Autor, Kata- und Kobudo-Experte.

Abb. 77: Shotokan-Meister Horokazu Kanazawa.

Kani (jap.): Languste, Krebsart (wie ein Krebs würgen).

Kani-basami (jap.): Ansprungschere, Beinschere.

Kanji (jap.): chinesisches Silben-Schriftzeichen innerhalb der sino-japanischen Schrift.
Auch: Kalligraphie = Schönschrift.

Kanku (jap.): wörtlich „Schau zum Himmel". Wichtigstes Zeichen für den Kyokushin-kai-Karate-Stil (siehe dort); gilt gleichzeitig als Symbol für die Unendlichkeit. Das Zeichen wird dargestellt, indem man Daumen an Daumen und Zeigefinger an Zeigefinger hält. Die Arme werden nun nach oben ausgestreckt. Die Öffnung der beiden Hände symbolisiert nun die unendliche Weite.

Abb. 78: Kanku-Zeichen, Symbol des Kyokushin-kai-Karate.

Kanku-sho (jap.): Kata des Kyoku-shin-kai-Karate und typische Shoto-kan-Karate-Kata (auch Kushanku genannt), begründet angeblich von Kosokun, dem Kempo-Experten und Gesandten des chinesischen Kaisers Ming.
Kushanku ist mit Kanku-dai identisch, während die von Itosu Sensei (der Heiligen Faust des Shuri-te) entwickelte Kata Kanku-sho genannt wird. In der Shotokan-Schule werden Dai (= groß) und Sho (= offene Hand) geübt und weiter überliefert.
Kanku-sho ist auch eine Shitei-kata (siehe dort).

Kan-kyaku (jap.): Zuschauer bei Budo-Meisterschaften, Publikum.

Kan-ryu (jap.): ca. ab 1903 in Japan gegründete Karate-Stilrichtung und Lehrmethode.

Kannuki (jap.): Querbarriere, Riegelgriff, Absperrung, Traverse.

Kansa (jap.): Inspektor, Schiedrichter.

Kansetsu/Kwansetsu (jap.): Gelenk, Knochengelenk. Te-kansetsu = Handgelenk.

Kansetsu-geri (jap.): Stampftritt zum Kniegelenk.

Kansetsu-kaiten (jap.): Gelenkschwung.

Kansetsu-waza (jap.): Gruppe sämtlicher Gelenktechniken (u.a. Armhebel).

Kansha (jap.): danken, Dankarbeit. Zur Dojo-Ethik gehörend.

Kappo (jap.): japanische Kunst der Wiederbelebung.
Siehe auch unter Katsu und Kuatsu.

Kara = chinesisches Zeichen aus der Tang-Dynastie (zwischen 618 und 906 n. Chr.), bedeutet „China" oder auch „chinesisch". Te = Hand, Hände. Daher ursprüngliche Übersetzung von Karate mit „China-Hand".
Wurde jedoch um 1924 von Gichin Funakoshi (siehe dort) in „leere (unbewaffnete) Hand" umbenannt, da die Wortsilbe „Kara" im Japanischen auch „leer" bedeutet und einen Begriff aus der Terminologie des Zen-Buddhismus darstellt.

Abb. 79: Zeichen für Kara, das chinesisch „China" bedeutet, japanisch jedoch „leer".

Karada (jap.): Körper.

Karate (Do) (jap.): „Der Weg der leeren Hand", harte japanische Nahkampftechnik; Kara = leer, te = Hand. Begründet von dem Japaner Gichin Funakoshi. Stoß-, Schlag- und Tritttechniken (nur angedeutet) bewirken den Sieg über den Gegner. Siehe auch Einleitung unter „Was ist Karate-Do".

Abb. 80: Kanji-Schriftzeichen für Kara-te.

Abb. 81: Karatekämpfer in Aktion.

Karate-gi (jap.): Karate-Trainingsanzug.

Karate-jutsu (jap.): antiker Vorläufer und frühere kriegerische Kunstfertigkeit des heutigen Karate-Do, u.a. praktiziert um 1926 von Chojun Miyagi (siehe dort).

Karate-ka (jap.): Karate-Sportler.

Karate-ni-sente-nashi (jap.): wörtlich „man darf im Karate nie den ersten Schlag führen". Dieser Grundsatz Funakoshis weist Karate-Do als reine Selbstverteidigungskunst aus. Siehe auch unter Tai-kyo-ka.

Kari/Gari (jap.): fegen, schöpfen, löffeln, schneiden.

Kari-komi (jap.): weiter-geführter Fußfeger.

Kari-waza (jap.): Gruppe sämtlicher Fege-Techniken.

Kashira (jap.): Oberhaupt, Chef, Boss.

Kassatsu (jap.): Rückgrat.
Bedeutet auch: Leben und Tod.

Kasumi (jap.): Schläfe.

Kata (jap.): wörtlich „die Form", „das Modell". Stil- und Perfektionsübung, Kombinations-Reihe. Schattenkampf, Zeremonie, Schauspiel, Tanz, Ritual, Zelebration.

Genau festgelegte (vorgeschriebene) Übungen zum Zweck der Demonstration. Pflicht-Vorführung = der darstellerische Charakter des Kampfsportes. In einzelne Bewegungen zerlegte Ästhetik. Abgesprochenes Kampfspiel = (Einstudierung des Sieges) gegen einen oder mehrere imaginäre (in der Vorstellung existierende) Gegner.

Zur Erlernung der Kampftechnik und zur geistig-seelischen Vervollkommnung.
Bedeutet auch: Schulter.
Siehe auch unter No.

Katachi (jap.): Training der Form, des Stiles, der Figur. Kata-Training.

Kata-hiza-dachi (jap.): ein-Knie-Stand.

Katai (jap.): hart, fest (der Stil ist hart).

Katame/Gatame (jap.): halten, Immobilisation, Befestigung, Bindung, Kontrolle.

Katame-kyo (jap.): Techniken des Immobilisierens (Haltetechniken).

Katame-waza (jap.): Gruppe sämtlicher Bodengriffe; Schlüsselgriffe.

Katana (jap.): Langschwert, edelste Waffe der Samurai, beidhändig verwendbar.

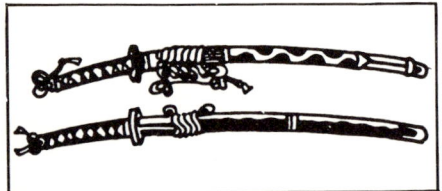

Abb. 82: Katana, das Langschwert der Samurai.

Kata-oshi (jap.): drücken gegen die Schulter.

Katate (jap.): ein Arm, eine Hand.

Katate-age (jap.): die Hand zum Schlag erheben.

Katate-dori (jap.): mit einer Hand (Arm) ausgeführte Technik. Eine Hand erfassen.

Katate-tsukami (jap.): Greifabwehr.

Abb. 83: Katate-tsukami, die Greifabwehr.

Katsu (jap.): gewinnen, den Gegner besiegen.
Bedeutet auch: einen besonderen, einen lauten Schrei ausstoßen;
siehe auch unter Ki-ai.
Bedeutet auch: die Kunst der Wiederbelebung durch die Erweckung des Ki (chin: Ch'i); siehe jeweils dort.
Bedeutet auch: ihn wieder neu beleben.
Siehe auch unter Kuatsu, Kappo und Kwatsu.

Kawashi-waza (jap.): Gruppe sämtlicher Rückzugs-Techniken durch ausweichen.

Kawazu-gake (jap.): nicht anerkannte Technik, nicht zu erkennende Handlung, verbotene Technik oder Aktion (Sumo-Griff).

Ke-age (jap.): zurückfedernder Fußtritt, Schnappstoß.

Keban-ashi (jap.): rückfedernder Fußstoß.

Kei (jap.): System, Lehrmethode, Kampfstil-Richtung.

Keiko/Geiko (jap.): Übung, Training, Praxis.

Keiko-gi (jap.): Trainings- (Übungs-) Jacke des Budo-Sportlers.

Keikoku (jap.): formelle, offizielle Verwarnung, bei groben Verstößen, z.B. beim absichtlichen Verlassen der Matte; aus den Wettkampf-Regeln.

Keikotsu-gaisokumen (jap.): vordere Schienbeinseite, Atemi-Angriffspunkt.

Keito (jap.): Hahnenkamm-Hand.

Abb. 84: Keito, die Hahnenkamm-Hand.

Keito-uchi (jap.): Hahnenkamm-Schlag.

Keito-uke (jap.): Hahnenkamm-(Kükenkopf-) Handgelenk-Abwehr.

Ke-komi (jap.): gerader, gestreckter, gestoßener Fußtritt, arretierte Technik.

Kempo-Karate: der in Japan um 1934 weiterentwickelte waffenlose chinesische Faustkampf Chuan-fa. Kempo = japanische Schreibweise, bedeutet „Gesetz der Faust" oder „Weg der Faust". Mandarin-Schreibweise = Chuan-fa; kantonesische Schreibweise = Ken-fat. Karate-ähnliche Selbstverteidigung und Faustkampf, nicht verwandt mit dem Okinawa-Karate.

Ken (jap.): Schwert, Waffe.
Bedeutet auch: Faust.
Bedeutet auch: Zustand der Aktivität.

Kendo (jap.): „Weg des Schwertes", japanische Kunst des Schwert- und Stockfechtens.

Kenka (jap.): Streit, Zank, Rauferei.

Ken-kaku (jap.): Fechtmeister.

Kenka-matsuri (jap.): Streitfeste.

Ken-no-sen (jap.): Initiative im Angriff.

Kenpo (jap.): Schulterkamm, Atemi-Angriffspunkt.

Kensei (jap.): Ehrentitel, weiser Mensch, „Heiliger des Schwertes"; so wurde z.B. Miyamoto Musashi, einer der berühmtesten Samurai Japans benannt.
Bedeutet auch: Täuschung, Finte, Ablenkungsmanöver.

Kensei-waza (jap.): Gruppe sämtlicher Täuschungs-Techniken.

Kensho (jap.): Wahrheitsschau, das Erkennen der kosmischen Wahrheit = Erweckung.
Eine Rinzai-Zen-Praxis. Ken = hineinsehen, sho = die eigene Natur (Spiegel der Seele).
Siehe auch unter Satori.

Kensui (jap.): an etwas hängen, hängen lassen in den Armen, etwas in Angriff nehmen.
Bedeutet auch Klimmzug.

Ken-Tai-Ichi-Jo (jap.): wörtlich „Der Körper und die Waffe sind Eins".
Kobudo-Wahlspruch.

Ken-tsui (jap.): Hammerfaust.

Ken-tsui-uchi (jap.): Hammerfaust-schlag.

Ken-tsui-uchi-yoko-mawashi (jap.): halbkreisförmiger Hammerfaust-schlag nach außen.

Keri (jap.): treten, Fußstoß, Kick.

Keri-age (jap.): Fußstoß nach oben.

Keri-gaeshi (jap.): Fußstoß als Ge-genangriff.

Keri-komi (jap.): hinein-treten (Ke-komi).

Keri-nuke (jap.): vorbeigleiten am Gegner mit einer Fußtechnik.

Keri-waza (jap.): Gruppe sämtlicher Fuß- bzw. Tritt-Techniken.

Kesa/Gesa (jap.): Schärpe, Beklei-dung.
Bedeutet auch: Schräg-Revers der buddhistischen Mönchskleidung, große Woll-Stola, Schultertuch; wäh-rend des Sesshin (siehe dort) getra-gen.

Kesa-geri (jap.): schräger Fußstoß.

Ki (jap.): Energie, geistig-seelische Kraft, Atemkraft. Begriff aus der asiati-schen Philosophie mit vielen Bedeu-tungen. Kokyu = in der Kampftechnik zum Ausdruck gebrachtes Ki (chin.: = Ch'i, siehe dort), unsichtbare Aktivität durch kosmische Energie.

Kiai (jap.): wörtlich „Geist-Begeg-nung". Gellender Kampfschrei der „äußeren" Kampfsportarten, plötzli-cher akustischer Energie-Ausbruch, Kampfansage, Manifestation des Ki (siehe dort). Der Kiai wird in der End-stellung Kime (siehe dort) ausgesto-ßen.

Kiai-jutsu (jap.): die Kunst, durch ei-nen Schrei den Gegner zu lähmen oder zu töten.

Kiba-dachi (jap.): Reiterstellung, Spreizstellung, Grätschstellung.

Abb. 85: Kiba-dachi, die Reiterstellung.

Kick-Boxen: harte Form des Nah-kampfes Mann gegen Mann. Boxen mit Händen und Füßen. Synthese bzw. Zusammenfassung des Thai-Bo-xens (siehe dort) und des nord-ameri-kanischen Full-Contact (Karate). Die tiefen Low-Kicks im gegnerischen Oberschenkelbereich sind im Full-Contact verboten, im Kick-Boxen je-doch erlaubt. Der Einsatz von Knie und Ellenbogen ist im Kick-Boxen ver-boten. Unterschied zu Thai- und Muay-Thai-Boxen = siehe jeweils dort).

Kihaku (jap.): Kampfgeist. Er sprüht vor Energie, voll geistiger Energie.

Kihon (jap.): Grundschule (hon = Basis, Ursprung).

Kihon-ippon-Kumite (jap.): einmaliger Angriff beim Partner-Training. Grund-Kumite.

Kihon-waza (jap.): Gruppe der Kampfsport-Grundtechniken.

Kiiro (jap.): gelb.

Kiiro-obi (jap.): gelber Gürtel, 5. Kyugrad = Go-Kyu.

Kikai-tanden (jap.): Za-zen-Praxis. Siehe auch unter Hara.

Kiken (jap.): Aufgabe, den Kampf aufgeben.

Kiken-gachi (jap.): Sieg durch Aufgabe.

Kime (jap.): lebenswichtige Punkte des menschlichen Körpers (Brennpunkt, Schwerpunkt, Konzentration, Zentrum).
Bedeutet auch: Endstellung. Endpunkt einer Bewegung.
Bedeutet auch: äußerster Einsatz mit voller Spannung und höchstem Kampfgeist.

Ki-mei (jap.): tödlicher Schlag.

Kime-shiki (jap.): Kampf im Ernstfall. Bedeutet auch: Formen der Entscheidung (für Frauen).

Kime-waza (jap.): die zum Erfolg führende, die entscheidende Kampftechnik; End-Technik.

Kimono (jap.): hemdartiges original japanisches Kleidungsstück für Männer und Frauen, mit weiten Ärmeln und durch den Obi (siehe dort) zusammengehalten.

Kin-geri (jap.): Vorwärtstritt mit dem Fußspann. Hodentritt.

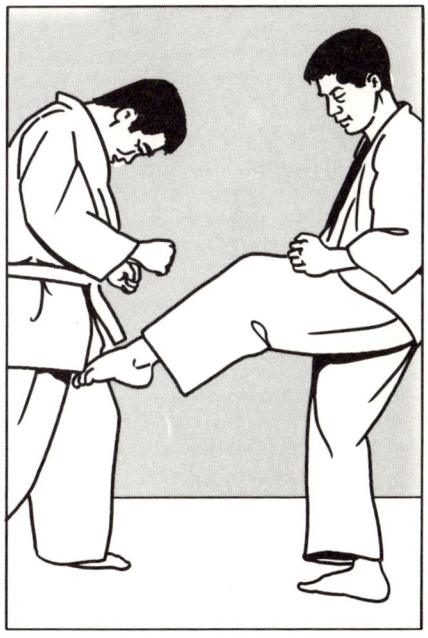

Abb. 86: Kin-geri, Vorwärtstritt mit dem Fußspann.

Kinhin (jap.): Periode oder Brücke zwischen dem sitzenden (passiven) Za-zen (siehe dort) und dem beweglichen (aktiven) Za-zen des täglichen Lebens.

Kinsa (jap.): „der kleine Unterschied", technischer Vorteil, knapp gewonnen; aus den Wettkampf-Regeln.

Kiri (jap.): spalten, schneiden; z.B. „Hara-kiri" = Bauchschneiden, Selbstmordzeremonie der Samurai. Siehe auch unter Seppuku.

Kiri-komi (jap.): Messerstich von oben.

Kiso (jap.): Grundlage, Fundament, Basis.

Kiso-geiko (jap.): das Training von einfachen grundlegenden Kampftechniken.

Kitai (jap.): die Gesamtheit der inneren Kräfte und Energien des Menschen.

Kizami-ashi (jap.): trippeln. Auch Yose-ashi genannt.

Kizami-geri (jap.): Prelltritt. Fußstoß mit dem vorderen Bein.

Kizami-zuki (jap.): Prellstoß mit abgedrehter Hüfte, z. B. Fauststoß im Zenkutsu-dachi und Hanmi-Stellung zum Kopf des Gegners.

Ko (jap.): klein, wenig.

Koan (jap.): geistiges und existentielles Problem, meist unlogische und sinnlose Zen-Sätze und Worte; Meditationsform zur Findung des reinen geistigen Wesens. Konzentrationshilfe.
Ausführlicher siehe im „Judo-Fachwort-Lexikon".

Ko-ashi (jap.): Gehtechnik im Ninjutsu (kleiner Schritt).

Kobudo (jap.): traditionelle japanische Waffen-Kunst und -Handhabung mit Nunchaku, Sai, Tonfa, Kama und ähnlichen (Sammelbegriff); aus Okinawa stammend.

Kobushi (jap.): Faust, Faustknöchel.

Kobushi-ate (jap.): Faustknöchelschlag.

Kobushi-ate-waza (jap.): Gruppe sämtlicher Faustknöchelschläge.

Ko-dachi (jap.): kleines Schwert, Kurzschwert.

Kodansha (jap.): Karatemeister ab 4. Dan aufwärts.

Ko-daore (jap.): vorgetäuschter Sturz.

Ko-Do (jap.): der wahre Weg (= Richtschnur) der Götter.

Kogan (jap.): Hoden, Atemi-Angriffspunkt.

Kogan-Kuatsu (jap.): Wiederbelebungs- bzw. Erste-Hilfe-Methode zur Regulierung des normalen Hodenfalles.

Kogeki (jap.): Angriff, Offensive.

Kohai (jap.): Junior, der Jüngere (Budoschüler), der Auszubildende in den Kampfkünsten.

Kohaku (jap.): rot und weiß.

Kohaku-shiai (jap.): Wettkampf zwischen der roten und der weißen Partei.

Koho (jap.): nach hinten, rückwärts.

Koho-geri (jap.): Kick nach hinten.

Koho-kaiten (jap.): Rolle nach hinten.

Kojiki (jap.): japanische Geschichtsschreibung; Annalen des Altertums. Siehe auch unter Nihon-Shaki.

Kokeki (jap.): der Angriff.

Kokeki-ho (jap.): die Angriffsweise.

Kokeki-sha (jap.): der Angreifer.

Kokeki-suru (jap.): angreifen, greift an! kämpft.

Koken (jap.): Handgelenk, Handrükkenseite.

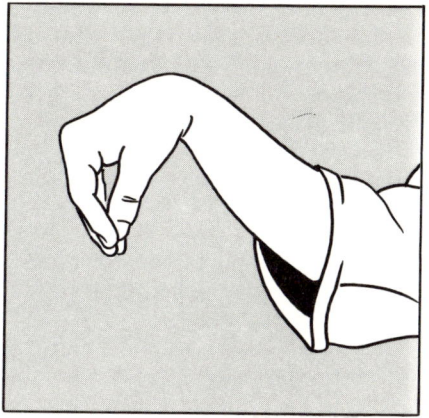

Abb. 87: Koken, die Handrückenseite.

Koken-uchi (jap.): Schnappschlag mit dem Handgelenk.

Abb. 88: Koken-uchi, Schnappschlag mit der Handrückenseite.

Koken-uke (jap.): Abwehr mit dem Handgelenk.

Abb. 89: Koken-uke, Abwehr mit dem Handrücken.

Koko (jap.): Tigermaulhand.

Kokoro (jap.): Herz, Geist, Seele. Bedeutet auch: Gefühl, innere Haltung. „Das Schwert ist die Seele (Kokoro) des Samurai".

Kokutsu-dachi (jap.): Rückwärtsstellung, Hinterbalance-Stellung.

Ko-kyu (jap.): geistige Kraft, Ki (siehe dort), die innere Energie, die in einer Kampftechnik zum Ausdruck gebracht wird und oft nicht äußerlich sichtbar ist (im Gegensatz zur Muskelkraft).

Ko-kyu-ho (jap.): der Angreifer wird körperlich geführt und/oder geistig beeinflußt. Bedeutet auch: Training der Atemkraft Ki (siehe dort).

Ko-kyu-nage (jap.): der Angreifer wird durch Ko-kyu geworfen oder durch Ki (siehe dort) geistig beeinflußt und dadurch manipuliert.

Abb. 90: Kokutsu-dachi, Rückwärtsstellung.

Komura (jap.): Wade, Atemi-Angriffspunkt.

Kondei (jap.): „tapfere Söhne", ein im Jahre 792 n. Chr. in Japan eingeführtes System, auf das man die Ursprünge und Anfänge der Samurai (siehe dort) zurückführt.

Kongo-riki-shi (jap.): oft anzutreffende buddhistische Statuen mit Karate-(Faustkampf-) ähnlicher Positur.

Kon-kotsu-ken (jap.): Achillessehne, Atemi-Angriffspunkt.
Auch Ahiresu-ken genannt.

Kosa-ashi-dachi (jap.): Überkreuzstellung.

Ko-sabaki-no-kamae (jap.): kleine Halbkreisstellung.

Ko-sa-dachi (jap.): Überkreuzstellung.

Ko-sa-uke (jap.): Abwehr durch Überkreuzstellung.

Koshi/goshi (jap.): Fußballen, Angriffs-„Waffe" (vom Knöchel abwärts), ähnlich Seiken (siehe dort). Wird benutzt, um einen Gegner zu treffen, der frontal gegenüber steht.
Bedeutet auch Hüfte.

Koshiki (jap.): die Form, formell, förmlich, antik.

Koshi-kotsu (jap.): Mittelfußknochen, Kubischer Knochen (Fußspann), Atemi-Angriffspunkt.

Koshi-no-kaiten (jap.): Hüftdrehung.

Kosho-ryu-Kempo (jap.): wörtlich „alter Pinienbaum-Faustkampf-Stil"; chinesisch/japanische Karate-Selbstverteidigung, begründet von Meister Dr. James M. Mitose. Waffenloser Zweikampf mit philosophischem Hintergrund.
Siehe auch unter Kempo-Karate.

Koso-kun (chin.): siehe unter Kankusho.

Ko-sokutai (jap.): Fußballen.

Kotau (jap.): Verbeugung, demütige asiatische Ehrenbezeugung.

Kote (jap.): Handgelenk, auch Tekansetsu oder Te-kubi genannt.

Kote-hishigi (jap.): Handgelenkhebel.

Koto (jap.): Kehlkopf, Atemi-Angriffspunkt.

Kotobu (jap.): Hinterkopf.

Kotsu (jap.): Geist, Wesen, Extrakt und Essenz des Trainings.
Siehe auch unter „Do" und „Tao".
Bedeutet auch: Kniff, Griff, Geschicklichkeit.

Ko-waza (jap.): Technik mit kleiner Reichweite.

Ku (jap.): Leere; sie existiert ohne Substanz, sie ist unsichtbar. Gegenteil:
Shiki = das Sichtbare.
Bedeutet auch: neun.
Koreanisch: Training.

Kuatsu (jap.): die japanische Kunst der Wiederbelebung und der Ersten Hilfe. Siehe auch unter Kappo und Kwatsu. Näher erklärt unter Katsu.
Viele Formen und Möglichkeiten, z. B. Jinzo-Kuatsu, O-Kuatsu, Obi-Kuatsu, Ura-Kuatsu, Tsuki-Kuatsu, Seoi-Kuatsu, Eri-Kuatsu, Sei-Kuatsu, Aiki-Kuatsu, Sasoi-Kuatsu, Kami-Kuatsu, Hara-Kuatsu = Massage des Hypogastriums (siehe dort).

Kubi (jap.): Hals, Nacken, Genick.

Kubi/Te-kubi (jap.): Handgelenk, siehe auch unter Kansetsu.

Ku-Dan (jap.): 9. Dan, Träger des 9. Budo-Meistergrades, Aka-obi˙= roter Gürtel.

Kuge (jap.): japanischer Hofadel. Siehe auch unter Buke = Kriegeradel der Samurai.

Kumade (jap.): Bärentatze.
Bedeutet auch: Bambus-Rechen.

Kumade-uchi (jap.): Bärentatzenschlag.

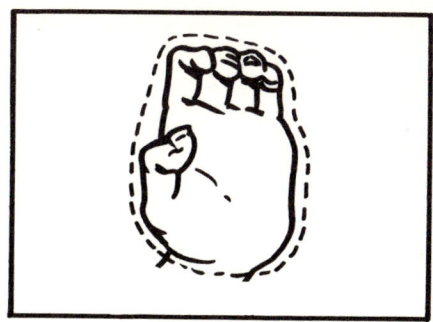

Abb. 91: Kumade, die Bärentatze.

Kumi (jap.): nehmen, ergreifen, festhalten, Griff.

Kumi-kata (jap.): das schulmäßige An- oder Erfassen des Budogi; verschiedene Griffarten, Griffkombinationen.

Kumi-kyo (jap.): Griff- und Transporttechniken.

Kumite (jap.): Kampfschule. Kampf mit einem Gegner.
Ippon-Kumite = Ein-Punkt-Kampftraining.
Ni-Hon-Kumite = Zwei-Punkt-Kampftraining.
San-Bon-Kumite = Drei-Punkt-Kampftraining.
Siehe auch unter Gohon-kumite und Te-kumi.

Kung-fu (chin.): chinesische Kampfart (Karate).
Siehe auch unter Chuan-fa, Kempo und Tai-chi.

Kuo-Shu (chin.): Oberbegriff für die chinesischen Kampfkünste; wörtlich „Chinesisches Boxen", das sich in harte und weiche Kampfkünste unterteilen läßt.
Siehe auch unter Wu-Shu.

Kuro (jap.): schwarz

Kuro-obi (jap.): schwarzer Gürtel, 1.–5. Dangrad.

Kuruma/Guruma (jap.): Rad, Wagenrad.

Kusarigama-jutsu (jap.): japanische Kampfkunst mit Sichel und Kette.

Abb. 92: Kusari-gama, Sichel mit Kette.

Kushanku (jap.): siehe unter Kankusho.

Kushin-ryu-Karate (jap.): moderner Karate-Stil auf Okinawa (siehe dort).

Ku Soku Ze Shiki (jap.): Buddhistischer Lehrsatz, bedeutet etwa „Materie (Erscheinungen) sind Leerheit und Leerheit wird zu Erscheinungen", wobei das Zeichen ‚ku' auch wie ‚kara' (Leere) ausgesprochen wird und die Wahrheit selbst bedeutet.

Kuzure (jap.): Variation, Abart, „gelokkert".
Bedeutet auch: in zwei Teile zerbrochen, zerstören, aus dem Gleichgewicht bringen.

Kuzushi (jap.): Gleichgewichtsbrechen, labile Stellung.

Kwai/Kai (jap.): Gesellschaft, Gruppe von Menschen. Budokai = berühmte englische Judoschule.

Kwansetsu (jap.): Knochengelenk, siehe auch unter Kansetsu.

Kwatsu (jap.): siehe auch unter Katsu und Kuatsu.

Kyo (jap.): Gruppe von Techniken, aufgeteiltes System.

Kyohan (jap.): Lehrbuch, Leitfaden.

Kyohan Karate-Do (jap.): Titel des 1935 von dem Karate-Begründer Gichin Funakoshi geschriebenen Fachbuches, das sich in erster Linie mit den verschiedenen Arten der Kata befaßt.

Abb. 93: Titel-Cover des Funakoshi-Buches „Karate-Do-Kyohan".

Kyo-kotsu (jap.): Brustbein, Atemi-Angriffspunkt.

Kyo-kotsu-kenjo-tokki (jap.): schwertförmiger Ausläufer des Brustbeins, Atemi-Angriffspunkt.

Kyoku (jap.): maximale Wirkung, größtmögliche Leistung.

Kyokushin-kai (jap.): harte Karate-Stilrichtung, begründet von Masutatsu Oyama (siehe dort). Kyoku = maximal, bestmöglichst; Shin = Wirklichkeit, Wahrhaftigkeit, Wahrheit; Kai = Zusammenhang, Vereinigung. Wettkampfsiege werden durch Kämpfe mit Vollkontakt sowie durch Bruchtests (Tameshi-wari) erreicht.
Als Zentrum des internationalen Kyokushin-Karate gilt das 1955 von M. Oyama errichtete Kyokushin-kai-kan-Honbu in Tokio.

Abb. 94: japanische Schrift für Kyokushin-kai.

Kyo-sekitsui-daikyoku (jap.): Brustrückgratwölbung, Atemi-Angriffspunkt.

Kyu (jap.): Rang, Stufe, Klasse, Schülergrad.
Rok-kyu = 6. Schülergrad,
Go-kyu = 5. Schülergrad,
Shi-kyu = 4. Schülergrad,
San-kyu = 3. Schülergrad,
Ni-kyu = 2. Schülergrad,
Ik-kyu = 1. Schülergrad.

Kyuba-no-michi (jap.): Ideologie und Ehrenkodex der Samurai, gebräuchlich beim Yabusame (siehe dort), „Weg des Pferdes und des Bogens", später bekannt geworden als Bushido (siehe dort).

Kyudo (jap.): die Kunst des japanischen Bogenschießens mit philosophischer Basis.

Kyu-jitsu (jap.): erster, einleitender Angriff.
Bedeutet auch: Bogenschießen unter kriegerischem Aspekt.

Kyu-kyu (jap.): neunter Schülergrad, 9. Kyu, weißer Gürtel.

Kyusho (jap.): Druck-, schlag- und stoßempfindliche Nervenpunkte (ca. 250) am menschlichen Körper (chin. = Dim mak).
Siehe auch unter Atemi-te.

Laotse: Ehrenname („der alte Meister") des chines. Philosophen Li Po-yang. Lebte von 604 bis ca. 520 v. Chr. War neben Kung-fu-tse einer der größten chinesischen Denker. Nach Lao-tse liegt die Vollkommenheit in der Vereinigung mit Tao. Lao-tse formt den Menschen, Konfuzius den Staat. Von Lao-tse stammt das berühmte Weisheitsbuch Tao-te-king.

Abb. 95: Laotse, der berühmte chinesische Philosoph.

Lotos-Blume: Seerosengewächs. Sinnbild der Verhaftungslosigkeit. Asiatisches Symbol der verschiedenen Bewußtseins-Zentren.
Lotos-Sitz: Position mit überkreuzten Beinen, Meditationssitz, auch geeignet für den Za-zen (siehe dort).

Ma (jap.): Zwischenpause.
Bedeutet auch: gerade, gerade nach hinten.

Ma-ai (jap.): Distanz, Distanz-Beherrschung, Abstand (in Zeit und Raum zum Partner).
Ai-hanmi = beide Partner nehmen (sich gegenüber stehend) die gleiche Stellung ein, nämlich Migi- oder Hidari-kamae.
Gyaku-hanmi = beide Partner nehmen die umgekehrte Stellung ein. Nage (siehe dort) Migi-kamae und Uke (siehe dort) Hidari-kamae.

Mabuni Kenwa: berühmter japanischer Karatemeister und Pionier, kam ursprünglich von Okinawa nach Osaka. Begründer des Shito-ryu-Karate-Stiles (siehe dort). Lebte von 1889 bis 1957 und trainierte in dieser Zeit Shuri-te mit Yasutsune Itosu, Nah-te mit Kanryo Higashionna und Goju-ryu mit Chojun Miyagi.

Abb. 96: Kenwa Mabuni, der Begründer des Shito-ryu-Karate.

Mae (jap.): vorn, vorwärts, frontal.

Mae-ashi (jap.): vorderes Bein, Fuß.

Mae-ashi-geri (jap.): Fußstoß mit dem vorderen Bein.

Mae-empi-uchi (jap.): Ellenbogenstoß, nach vorne.

Mae-fumi-komi (jap.): Stampftritt, nach vorne.

Mae-geri (jap.): gerader Fußstoß, nach vorne.

Abb. 98: Mae-geri-ke-komi, gestreckter Fußstoß nach vorne.

Mae-gi (jap.): Abstand schätzen.

Mae-hiji-ate (jap.): Ellenbogenstoß, nach vorne.

Abb. 97: Mae-geri, gerader Fußstoß nach vorne.

Mae-geri-ke-age (jap.): rückfedernder Fußstoß nach vorne, Schnappstoß vorwärts.

Mae-geri-ke-komi (jap.): gestreckter Fußstoß, nach vorne.

Abb. 99: Mae-hiji-ate, Ellenbogenstoß nach vorne.

Mae-kaga-mi (jap.): nach vorwärts lehnen.

Mae-ke-age (jap.): geschnappter Vorwärtsfußtritt.

Mae-ni-ike (jap.): vorwärts gehen.

Mae-sori-mi (jap.): vorwärts lehnen.

Mae-tobi-geri (jap.): Sprungstoß, Sprungtritt nach vorne.

Mae-ude-hineri-uke (jap.): Abwehr durch Drehung des Unterarms.

Mae-ude-osae-uke (jap.): Unterarm-Preß-Abwehr.

Mae-ukemi (jap.): fallen vorwärts.

Maitta (jap.): „Ich gebe auf!" Aus den Wettkampf-Regeln.

Make (jap.): verloren, die Niederlage.

Make-kata (jap.): Verlierer.

Makeru (jap.): aufgeben, verlieren, sich geschlagen geben.

Maki (jap.): einrollen, eindrehen.

Maki-age-gu (jap.): wörtlich „Hebel-barriere". Eine Trainingsmethode des Okinawa-Karate zur Stärkung der Handgelenke.

Makiwara (jap.): urspünglich mit Stroh umwickelter Karate-Schlag-Pfosten (wörtlich gewickeltes Stroh), für Härte- und Präzisionstraining.

Makoto (jap.): Wahrheit, Aufrichtig-keit, Ehrlichkeit. Zur Dojo-Ethik ge-hörend.

Makoto-no-michi (jap.): Weg der Wahrheit.

Mamoru (jap.): sich verteidigen, sich schützen.
Sokogu-no-teki-wo-fusegu = das Va-terland gegen Feinde verteidigen.
Bogyo = Verteidigung gegen äußere Gewalt.
Bogygo-no-sochi = Verteidigungs-maßnahmen.

Mannaka-ni-haite (jap.): in die Mitte der Kampffläche kommen.

Mandala (Sanskrit): buddhistisches Meditationsbild. Mystischer Kreis oder Vieleckbild als Hilfsmittel der Meditation.

Manmae-kuzushi (jap.): Gleichge-wichtsbrechen nach vorne.

Manriki (jap.): Schraubstock.

Manriki-gusari (jap.): chinesische Angriffs- und Verteidigungswaffe; ca. 60 cm lange Kette mit Griffteilen bzw. Eisengewichten an den Enden.

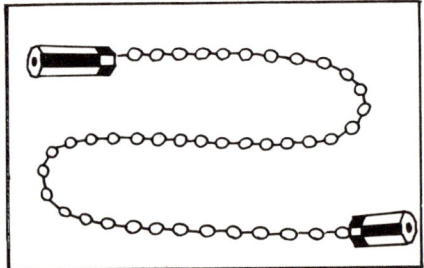

Abb. 100: Manriki-gusari, Kette mit Ei-sengewichten.

Mantra (jap.): Anrufen einer Gottheit, Silben oder Silbenkombination, der bei häufiger Wiederholung eine das Bewußtsein transformierende Kraft innewohnt (siehe auch unter Mudra).

Martialische Künste (engl. = Martial Arts): kriegerische Kampf- und Ritter-künste aus Fernost.

Massugu (jap.): geradeaus gehen.

Mate (jap.): warten, lösen.

Matsubayashi-ryu (jap.): „Kiefern-waldschule". Okinawa-Karate-Stil von Sokon Matsumura, später geändert in Shorin-ryu.

Ma-ushiro-kuzushi (jap.): Gleichge-wichtsbrechen nach hinten.

Mawari (jap.): Kreis, drehen, Rundgang.

Mawari-ashi (jap.): Beindrehung.

Mawari-hidari (jap.): drehen, linksherum.

Mawari-komi (jap.): kreiselartig drehen.

Mawari-migi (jap.): drehen, rechtsherum.

Mawaru (jap.): sich drehen, herumdrehen, kreisen.

Mawashi (jap.): rund, kreisförmig, Halbkreis.
Auch: lendenschurz-artiger Gürtel der Sumo-Ringer.

Mawashi-empi-uchi (jap.): Ellenbogenstoß, halbkreisförmig.

Mawashi-geri (jap.): kreisförmiger Tritt (Halbkreisfußtritt, Rundbogen-

kick), der von Masatoshi Nakayama (geb. 1913), dem Chefausbilder der Japan-Karate-Association entwickelt wurde.

Mawashi-hiji-ate (jap.): halbkreisförmiger Ellenbogenstoß.

Abb. 102: Mawashi-hiji-ate, halbkreisförmiger Ellenbogenstoß.

Mawashi-kubi-geri (jap.): Halbkreisfußtritt zum Nacken.

Mawashi-shuto-uke (jap.): halbkreisförmige Handkantenabwehr.

Abb. 101: Mawashi-geri, der Halbkreis-Fußtritt.

Abb. 103: Mawashi-zuki, halbkreisförmiger Fauststoß.

Mawashi-uchi (jap.): halbkreisförmiger Schlag.

Mawashi-uke (jap.): halbkreisförmige Abwehr.

Mawashi-zuki (jap.): halbkreisförmiger Fauststoß.

Mawate (jap.): kehrt um! wenden! herumdrehen! in die entgegengesetzte Richtung!; aus den Wettkampf-Regeln.

Me (jap.): Augen, Atemi-Angriffspunkt.

Meiji-Periode: 44 Jahre dauernder Zeitraum der japanischen Geschichte von 1868–1912 n.Chr. Aufhebung des Feudalismus durch kaiserlichen Erlaß. Verbot des letzten Privilegs der Samurai, Schwerter zu tragen.

Meikyo (jap.): von Funakoshi so benannte Karate-Kata. Sie zeichnet sich durch den Dreieck-Sprung (= Sankaku-tobi) aus und wird in anderen Karatestilen oft auch Rohai genannt.

Me-no-tsuke-kata (jap.): Haltung der Augen.

Metsuke (jap.): Wahrnehmung, Punkt der Beobachtung. „Das Auge auf den Gegner (auf etwas) richten".

Michi (jap.): Weg (im Sinne von Richtschnur), Grundsatz, Lehre, Philosophie. Sino-jap. = Do, chin. = Tao (siehe jeweils dort).
Maßgeblicher Begriff in der jap. Geistesgeschichte. Der hieraus resultierende ethisch-moralische Unterbau tritt u.a. auch in den Kampfkünsten Judo, Karate-Do, Kendo, Aikido, Kyudo etc. zutage.

Midori (jap.): grün.

Mienai (jap.): die Technik ist nicht gesehen worden; aus den Wettkampf-Regeln.

Migi (jap.): rechts, nach rechts, rechte Seite.

Migi-atosumi-kuzushi (jap.): Gleichgewichtsbrechen nach rechts hinten.

Migi-eri-dori (jap.): ergreifen des rechten Revers.

Migi-jigotai (jap.): rechte Verteidigungs-Stellung.

Migi-ashi-dachi (jap.): Stellung mit Standbein rechts.

Migi-ashi-mae-kosa-dachi (jap.): Überkreuzstellung rechts.

Migi-ashi-orishiku (jap.): rechtes Bein kniet.

Migi-hiza-kussu (jap.): rechtes Knie gebeugt.

Migi-kokutsu-dachi (jap.): Rückwärtsstellung rechts.

Migi-mae-hangetsu-dachi (jap.): Halbmondstellung rechts.

Migi-mae-hiza-kussu (jap.): rechtes vorderes Knie gebeugt.

Migi-measumi-kuzushi (jap.): Gleichgewichtsbrechen nach rechts vorn.

Migi-shizentai (jap.): rechte natürliche Grundstellung.

Migi-teiji-dachi (jap.): T-Stellung rechts.

Migi-waki-gamae (jap.): rechte Haltung.

Migi-yoko-kuzushi (jap.): Gleichgewichtsbrechen nach rechts seitlich.

Migi-zenkutsu-dachi (jap.): Vorwärtsstellung rechts.

Mikazuki (jap.): Mondsichel, sichelförmig.

Mikazuki-geri (jap.): Halbmondfußtritt, Angriff mit der Fußsohle, kreisförmig.

Abb. 105: Mikazuki-geri-uke, sichelförmiger Fußsohlentritt als Abwehr.

Miyagi, Chojun: Vater und Begründer des Goju-ryu-Karate. Lebte von 1888 bis 1953 auf Okinawa und später in Japan. War schon mit 14 Jahren ein Genie in der „Kunst der leeren Hand". Mit 16 Jahren reiste er nach China, um

Abb. 104: Mikazuki-geri, Halbmond-Fußtritt.

Mikazuki-geri-barai (jap.): Halbmond-Abwehrtritt.

Mikazuki-geri-uke (jap.): sichelförmiger Fußsohlentritt als Abwehr.

Mi-kudaki (jap.): sich schlagen, quetschen.

Abb. 106: Chojun Miyagi, der Begründer des Goju-ryu-Karate.

dort den Faust- und Fußkampf zu studieren. Als er wieder nach Okinawa zurückkehrte, galt er als unbesiegbar. Er verband das harte Karate von Okinawa (Go = Kraft) mit dem weichen Chuan-fa Chinas (Ju = sanft) zu seinem neuen System.
Siehe auch unter Goju-ryu.

Mizo-ochi (jap.): Solar-Plexus, „Sonnengeflecht".

Mizu-nagare (jap.): Armstellung des „rinnenden Tropfens".

Mizu-nagare-no-kamae (jap.): Kampfstellung „fließendes Wasser".

Mizu-no-kokoro (jap.): wörtlich „sein wie Wasser", sich allem anpassend.

Mochi (jap.): Griff, mit den Händen festhalten, nehmen, ergreifen.

Mokuso (jap.): Meditation, Konzentration, schweigendes Denken.

Mokuso-yame (jap.): Ende der Konzentration, Augen wieder öffnen.

Mokuteki (jap.): Ziel, Zweck, Motivation. Zur Dojo-Ethik gehörend.

Mokuto (jap.): wörtlich „still beten". Konzentration bei einer Technik oder beim Meditieren.

Momo (jap.): Schenkel, Oberschenkel.

Mondo (jap.): Lehrgespräch; regelmäßige Zusammenkunft aller Mitglieder eines Dojo mit ihren Trainern. Sinn und Zweck: persönliches Kennenlernen, Besprechung verschiedener wichtiger Dinge und (in Japan gebräuchlicher) Sammlung, Konzentration, Meditation, Besprechung „geistiger" Fragen, Zen-Dialog zwischen Meister und Schüler (chin. = Wen-ta). Viele alt-überlieferte Mondo wurden später zu Koan (siehe dort).

Montei (jap.): Lehrling, Lernender der Kampfkünste Auch: Deshi.

Moro-ashi-dachi (jap.): Einfußstand, vorwärts.

Moro-ashi-gari (jap.): beidbeiniger Fußfeger, auch Okuri-ashi-barai genannt.

Morote (jap.): mit beiden Händen, beidseitig.
Bedeutet auch: begeistert zustimmen.
Morote-awase-uchi = beidhändiger Schlag.
Morote-awase-uke = beidhändige Abwehr.
Morote-awase-zuki = beidhändiger Karate-Stoß.

Morote-chudan-uke (jap.): beidhändige Abwehr, mittlere Stufe.

Morote-hasami-uchi (jap.): beidhändiger Scherenschlag.

Morote-heiko-zuki (jap.): beidhändiger Parallelstoß.

Morote-jodan-juji-uke (jap.): beidhändige Überkreuzabwehr, obere Stufe.

Morote-jodan-uchi-uke (jap.): verstärkte (beidhändige) Abwehr, obere Stufe, von innen nach außen.

Morote-jodan-uke (jap.): beidhändige Abwehr, obere Stufe.

Morote-koho-zuki-age (jap.): verstärkter (beidhändiger) Fauststoß nach hinten.

Morote-sukui-uke (jap.): beidhändige Schaufel-Abwehr.

Morote-tsukami-uke (jap.): beidhändige Greif-Abwehr.

Mosshoseki (jap.): Grundsatz der Karate-Philosophie. „Keine Spur hinter sich lassen"; so wie ein fliegender Vogel, der keine Spur am Himmel hinterläßt, so soll auch ein Mensch in völliger Natürlichkeit und Gelassenheit leben.
Siehe auch unter Mushin.

Abb. 107: Morote-zuki, der beidhändige Fauststoß, Ausgangsposition.

Abb. 108: Morote-zuki, Endstellung.

Morote-uchi (jap.): verstärkter Schlag.

Morote-uke (jap.): verstärkte Unterarm-Abwehr.

Morote-waza (jap.): Gruppe sämtlicher Kampftechniken, die (zur Verstärkung) mit beiden Händen ausgeführt werden.

Morote-zuki (jap.): doppelter, beidhändiger Fauststoß.

Mo-sukoshi (jap.): „etwas mehr!" Verlängerung; aus den Wettkampf-Regeln.

Motobu: berühmter früherer japanischer Karatemeister, der Held von Teijikun. Auch bekannt als Saru von Motobu.

Moto-no-ichi (jap.): „zurück zur Ausgangsposition!"

Mu (jap.): nein, nichts, kein, die formlose Form des Dharma.
Siehe auch unter Mushin.

Muay-Thai-Boxen: Variante des Thai-Boxens (siehe dort). Harte Form des Zweikampfes Mann gegen Mann. Thailändisches Boxen mit Händen und Füßen. Knie- und Ellenbogen-Angriffe gegen Kopf und Gesicht sind jedoch nicht erlaubt (Unterschied zum Thai- und Kick-Boxen = siehe jeweils dort).

Mudansha (jap.): Träger eines Kyu-(Schüler) Grades, Lernender.
Gegensatz: Yudansha = Träger eines Dan- (Meister) Grades.

Mudra (alt-indisch): „Siegel", „Zeichen", „Merkmal". Bestimmte Hand- und Fingerstellungen von magischer, mystischer und symbolischer Kraft und Bedeutung.
Ausführlicher siehe im „Ninjutsu-Lexikon".

Muga-mushi (jap.): selbstlos, ichlos, die absolute Gelassenheit.
Siehe auch unter Mushin.

Mune (jap.): Brust, Brustkorb.

Munen-muso (jap.): Schwerthieb „ohne Vorstellung, ohne Gedanken"; buddh. Begriff, „Nicht-Ich". Alles Handeln erreicht in diesem Zustand die vollkommene Natürlichkeit.

Murasaki-iro-obi (jap.): violetter Gürtel.

Musashi, Myamoto: japanischer Schwertkämpfer, berühmter Samurai, historisch-authentische Gestalt, lebte von 1584 bis 1645. Zen-Philosoph, Beschützer des einfachen Volkes (mehr darüber in E. Yoshikawas Gesellschaftsroman „Musashi", geschrieben in Japan schon 1935).
Siehe auch unter Go-rin-no-sho.

Abb. 109: Myamoto Musashi, der berühmteste Samurai Japans.

Mushin (jap.): absolute Gelassenheit, Abgeschiedenheit des Geistes, Unschuld.
Siehe auch unter Mosshoseki.
Bedeutet auch: schuldlos.

Mushin-do (jap.): Weg des unerschütterlichen Gleichmutes, wörtlich: Nicht-Herz, d.h. unbeteiligt, unberührt, ohne Gefühlsbewegung.
Siehe auch unter Mugamushi und Mu.

Musho-toku (jap.): „das Nichteinkommen". Kein Streben nach dem Sieg, kein Zielen nach Gewinn.

Musubi-dachi (jap.): Normalstellung mit geschlossenen Fersen. Abwartende, formlose Bereitschaftsstellung.

Abb. 110: Musubi-dachi, Normalstellung mit geschlossenen Fersen.

Myoyo (jap.): geistige Kenntnisse, Fähigkeiten.

Nagai (jap.): länglich, lang.

Nagai-zuki (jap.): Längsstoß.

Nagako (jap.): Griff des Schwertes.

Nagamaki (jap.) japanische Lang-waffe, schwerere Abart der Naginata (siehe dort), die Klinge ist schwerer und länger als der Griff.

Nagare (jap.): fluten, strömen, inein-ander-übergehen. Eine Bewegung (Kampftechnik) geht über in die näch-ste, ohne Unterbrechung (siehe auch unter Ritsudo).

Nagashi (jap.): strömen, fließen.

Nagashi-uke (jap.): Fegesperre, flie-ßender Abwehrblock, Handfege-Ab-wehr.

Abb. 111: Nagashi-uke, die Fegesperre.

Nagashi-zuki (jap.): fließender Faust-stoß.

Nage (jap.): Wurf, werfen. Bedeutet auch: Werfer, Verteidiger. Siehe auch unter: Tori.

Nage-ashi (jap.): Wurf-Bein, Wurf-Fuß.

Nageru (jap.): werfen, der Wurf.

Nage-waza (jap.): Gruppe sämtlicher Wurftechniken.

Naginata (jap.): Fechtlanze mit Schwertblatt, Lanzenschwert. Das mittelalterliche japanische Hellebar-denschwingen mittels eines verlän-gerten Schwertes oder Lanze.

Naha-te (jap.): wörtlich „Naha-Hand", früheres Karate auf der Insel Okinawa (Naha = Hauptstadt von Oki-nawa).

Naha-te-kai-shu-Kata (jap.): offene-Hand-Kata.

Naifu-anchi-tachi (jap.): Reiterstel-lung ähnlich Kiba-dachi.

Nai-han-chin (jap.): bedeutet „seit-wärts kämpfen", man kämpft mit Geg-nern auf beiden Seiten. Einzige Ka-rate-Kata, die nicht mit einer Verteidi-gungstechnik beginnt. Verdeutli-chung der Ähnlichkeit des Kosho-ryu-Kempo (siehe dort) mit dem Okinawa-Karate. Diese Kata wurde von China nach Japan und von Meister zu Mei-ster weitergegeben.

Naihanchin-dachi (jap.): Reiterstel-lung.

Naiwan (jap.): Innenseite des Unter-arms.

Naka (jap.): die Mitte, das Innere. Bedeutet auch: Freundschaft.

Naka-daka-ippon-ken (jap.): Ein-Knöchel-Faust, mit dem Knöchel des Mittelfingers.

Nakae (jap.): Zur Mitte! Kommt näher (bis zur Bodenmarke)! Aus den Wettkampf-Regeln.

Nakayama, Masatoshi: international berühmter japanischer Karate-Meister, 9. Dan, Shihan, „Pabst des Shotokan-Karate". Geboren 1913 in Yamaguchi/Japan. Chef-Trainer der Japan-Karate-Association. Karate-Training ab 1932 bei Gichin Funakoshi. Die folgenden berühmten Karatemeister wurden von ihm ausgebildet: Hidetaka Nishiyama, Taiji Kase, Hideo Ochi, Hirokazu Kanazawa, Keinosuke Enoeda u. a.

Abb. 112: Masatoshi Nakayama, der „Papst des Shotokan-Karate".

Naka-yubi-ippon-ken (jap.): Zeigefinger-Faust.

Nami (jap.): normal, gewöhnlich.

Nami-ashi- (jap.): innerer Schnapp-Block.

Abb. 113: Nami-ashi, der innere Schnappblock.

Nami-gaeshi (jap.): wörtlich „zurückkehrende Welle", schneller Fußstoß (Beinabwehr) aus der Kiba-dachi-Stellung.

Name-juji-jime (jap.): Ristkreuzwürgen. Siehe auch unter Narabi.

Naname (jap.): schräg, schief.

Naname-ate (jap.): Faustknöchelstoß.

Naname-fumi-komi (jap.): Stampf-Tritt, 45 Grad.

Naname-geri (jap.): Fußspitzenstoß.

Naname-ni (jap.): diagonal.

Naname-zuki (jap.): schräger Stoß, Seitenstoß.

Naname-uchi (jap.): seitlicher Faust-hieb an die Schläfe (Handkanten-schlag).

Nanbu, Yoshinao: berühmter japani-scher Karate- und Kobudo-Meister. Revolutionär des Karate und Begrün-der des Sankukai-Karate-Stiles. Ge-boren 1943 in Kobe, Japan. Beginn des Shito-ryu-Trainings mit 18 Jahren; seit 1964 in Frankreich lebend.

Abb. 114: Yoshinao Nanbu, der Begrün-der des Sanku-kai-Karate.

Naore (jap.): wörtlich „die Schande". Bedeutet auch: Rührt Euch! Augen geradeaus! Rückkehr zu Yoi (anfäng-liche Bereitschaftsstellung).

Narabi (jap.): Seite an Seite, in einer Reihe.

Ne (jap.): liegend, Bodenlage, auf der Matte.

Neko (jap.): Katze.

Neko-ashi (jap.): Katzenfuß.

Neko-ashi-dachi (jap.): Katzenfuß-stellung, Körperstellung.

Abb. 115: Neko-ashi-dachi, die Katzen-fußstellung.

Neko-ashi-hoko (jap.): Katzenschritt.

Neko-dachi (jap.): Katzenfußstellung.

Neko-zeken (jap.): Katzenbuckel, Rückseite (Oberseite) des Hand-gelenkes.

Neko-zeken-uchi (jap.): Schlag mit der Rückseite des Handgelenkes.

Neko-zeken-uke (jap.): Abwehr mit der Rückseite des Handgelenkes.

Ne-ru (jap.): niederdrücken, schlafen.

Ne-waza (jap.): Gruppe sämtlicher Bodentechniken (Haltegriffe, Würgegriffe und Armhebel).

Ni (jap.): zwei.

Ni-Dan (jap.): 2. Budo-Meistergrad. Schwarzer Gürtel.

Nidan-geri (jap.): Zweistufen-Tritt, Zweistufen-Fußstoß, doppelter Fußstoß, zweifacher Fußstoß, (gesprungener) doppelter Kick.

Nihon (jap.): japanische Bezeichnung für Japan (Nippon).
Bedeutet auch: zwei Punkte, zwei Techniken.

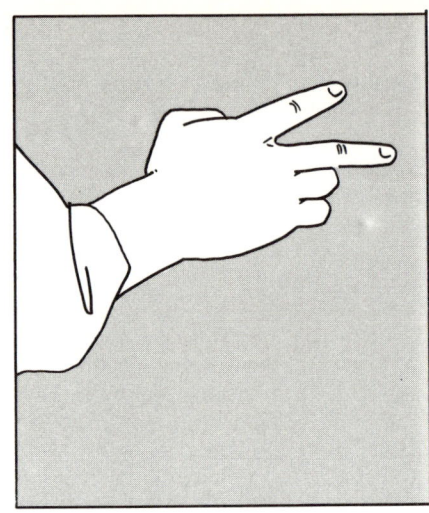

Abb. 116: Nihon-nukite, der doppelte Fingerspitzenstoß.

Nihon-geri (jap.): zwei nacheinanderfolgende Tritte.

Nihon-Kempo-Ryu-Karate (jap.): japanische Karate-Stilrichtungen.
Siehe auch unter Kempo.

Nihon-ken (jap.): Zweiknöchel-Faust.

Nihon-nukite (jap.): doppelter Fingerspitzenstoß. Zweifinger-Speerhand.

Nihon-Shoki (jap.): Nihon = Japan, Shoki = Anfangsstadium. Die Chroniken Japans, geschrieben 720 n. Chr., sie berichten in legendärer Form über die wichtigsten Ereignisse der verschiedenen Regierungsperioden und geben Aufschlüsse über Glauben der Ureinwohner Japans.
Siehe auch unter Ainu und Kojiki.

Nihon-to (jap.): gekrümmtes, japanisches Schwert.

Nihon-zuki (jap.): zwei nacheinanderfolgende Fauststöße.

Niju-shiho (jap.): Niju = zwanzig. Niju-shi = vierundzwanzig. Shiho = vier Richtungen. Karate-Kata der Shotokan-, Shito-ryu- und Wado-ryu-Schulen. Die Herkunft ist unklar; die Ähnlichkeit mit den Unsu-Kata schließt auf die Abstammung von der Niigaki-Schule. Frühere Bezeichnung: Niseishi.

Niju-shiho-waza (jap.): Techniken aus der Niju-shiho-Kata.

Ni-jyu-uke (jap.): „X"-Block, Abwehr mit überkreuzten Armen.

Niku-tai (jap.): der organische Körper des Menschen.

Ni-Kyu (jap.): 2. Schülergrad, Aori-obi = blauer Gürtel.

Nin (jap.): körperliche und geistige Ausdauer und Beharrlichkeit.
Bedeutet auch: Heimlichkeit, Geheimnisse, Verborgenheit etc.

Ninja (jap.): Anhänger des Nin-jutsu (siehe dort). Allroundkämpfer mit umfangreicher Handwaffen-Ausbildung. Schattenkrieger, Agent, Spion.

Abb. 117: Ninja mit Kopftuch und Gesichtsmaske.

Ninja-to (jap.): Ninja-Schwert.

Nin-jutsu (jap.): ein agentenmäßig entwickeltes Allround-Jiu-Jitsu; alle Fertigkeiten des Spionierens und Angreifens werden ausgebildet; eine Kunst z.B. des „sich Unsichtbarmachens". Entwickelt in Japan zur Bakufu-Zeit und innerhalb des Tokugawa-Shogunats von 1603–1867 n. Chr.

Ni-no-koshi-no-hyoshi (jap.): mit zwei Schlägen angreifen.

Nin-Po (jap.): „verteidigendes Angreifen" im Tai-jutsu. Unbewaffnete Ninja-Kampfkunst. Blockieren, bevor man zurückschlägt.

Nin-po-mikkyo (jap.): geistiges, spirituelles Training.

Nippon (jap.): Bezeichnung für Japan.

Nippon-Budokan: siehe unter Budokan.

Ni-rei (jap.): Gruß, in Richtung zum ...

Niren (jap.): doppelt, zwei, hintereinander.

Niren-geri (jap.): zwei hintereinanderfolgende Tritte (ähnlich Nihon-geri).

Niren-zuki (jap.): zwei hintereinanderfolgende Schläge (ähnlich Nihonzuki).

Nirwana (Sanskrit): erlöschen, verwehen, Auflösung des Seins als erhoffter Endzustand des gläubigen Buddhisten. Ins Nirwana geht nach langer leidvoller Seelenwanderung derjenige ein, der alle irdischen Begierden in sich abgetötet hat (jap. = Nehan).

Niseishi (jap.): siehe unter Niju-shiho.

Niseshi (jap.): siehe unter Niju-shiho.

Nishi-ken (jap.): gespaltene, gespreizte Finger.

Nito (jap.): „zwei Schwerter". Kurz- und Langschwert. Der Krieger (ob General oder einfacher Gefolgsmann) und auch der Samurai trägt zwei Schwerter. Das kurze Seitschwert wurde immer getragen, das Langschwert nur außerhalb des Hauses.

Nitobe, Inazo: auch im Westen um 1900 bekanntgewordener berühmter japanischer Schriftsteller. Schrieb viele Samurai-Fachbücher, u.a. „Bushido, the Soul of Japan", geschrieben 1882 und „Bushido, the Warrior's Code", geschrieben 1899 (Neu-Auflage 1975 durch die Ohara-Publications Inc., USA).

Hat als erster fernöstlicher Autor versucht, die japanische Geisteshaltung (die konfuzianische Etikette und den Ehrenkodex der Ritterlichkeit und Höflichkeit) für den Westen verständlicher zu machen.

Abb. 118: Inazo Nitobe, berühmter japanischer Bushido-Schriftsteller.

No (jap.): traditionelles jap. Theater = No-Spiel. Lyrische Oper. Durch die große Langsamkeit des Ausübenden (wie in vielen anderen jap. Künsten, so z. B. in der Tee-Zeremonie, im Bogenschießen oder bei Kata-Vorführungen) tritt die Person des Ausführenden zurück und lenkt von sich ab zugunsten des „gestaltlosen Lebens".
Bedeutet auch: der, des, von.

Nodo-botoke (jap.): „Adamsapfel", Kehlkopf, Atemi-Angriffspunkt.

Nodo-jime (jap.): Kehlkopf-Würgen.

Nogare (jap.): Atemtechnik.

Nogare-kata (jap.): Ausweich-Methode; die Form des Rückzugs, des Entkommens, des Flüchtens.

Nogare-ru (jap.): entkommen, fliehen.

Nomi-no-Sukune: legendärer Begründer und Ur-Vater des damaligen, antiken Jiu-Jitsu.
Ausführlicher siehe im „Judo-Fachwort-Lexikon".

Abb. 119: Nomi-no-Sukune, der Ur-Vater des antiken Jiu-Jitsu.

Noto (jap.): zurückführen des Schwertes im Iai-jutsu.

Nuki-ashi (jap.): Gehtechnik (lautloser Schritt).

Nikisuke (jap.): schnelles Ziehen des Schwertes im Iai-jutsu.

Nukite (jap.): Fingerstich, Speerhand, Fingerspitzen-Stoß.
Auch: frühere Karate-Kata, wobei man (in der zeremoniellen Vorführung) mit den Fingerspitzen einer Hand einen gegnerischen Brustkorb durchstieß und die einzelnen Rippen herausriß.

Nukite-waza (jap.): Gruppe sämtlicher Fingerspitzen-Stöße.
Ippon-nukite = Ein-Finger-Speerhand.
Nihon-nukite = Zwei-Finger-Speerhand.
Yonhon-nukite = Vier-Finger-Speerhand.

Nunchaku (jap.): Dreschflegel. Star unter den Karate-Trainings-Waffen. Zwei oder mehrere Holzstöcke, mit Perlon-Schnur oder Stahlkette (früher Roßhaar oder Reisstroh) verbunden; auch aus Metall, Hartgummi oder Plastik hergestellt; heute mit Drehwirbel-Effekt. Seit 1976 in Deutschland verboten.

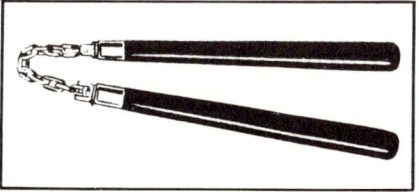

Abb. 120: Nunchaku, der Star unter den Karate-Trainingsgeräten.

Nyukon-shiki (jap.): Dank und Hoffnung. Einweihungs-Zeremonie eines Dojo im buddhistischen Sinne. Das Leben und die Seele werden in das Dojo eingegeben (ein-zelebriert).

O (jap.): groß.

O-ashi (jap.): Gehtechnik (großer Schritt).

Obi (jap.): langer japanischer Gürtel. Wird über dem Kimono getragen und mit einer kunstvollen Schleife auf dem Rücken zusammengehalten.
Zur Unterstützung des Hara.
In den Budo-Sportarten = Rangbezeichnung:
Shiro-obi = weißer Gürtel,
Kiiro-obi = gelber Gürtel,
Daidaiiro-obi = orangener Gürel,
Midori-obi = grüner Gürel,
Aori-obi = blauer Gürtel,
Chairo-obi = brauner Gürtel,
Kuro-obi = schwarzer Gürtel,
Shima-obi = rot-weißer-Gürtel,
Aka-obi = roter Gürtel.

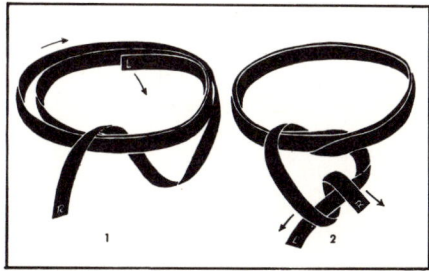

Abb. 121: Obi, der Gürtel zum Karate-gi.

Ochiru (jap.): Scheintod durch Würgegriff. Danach setzt die Wiederbelebung Kuatsu (siehe dort) ein.

O-chugaeri (jap.): große Rolle, Fallübung mit sofortigem Aufstehen. Siehe auch unter Chuga-eri.

Ohten (jap.): auf die Seite drehen.

Ohtsuka, Hironori: berühmter japanischer Karatemeister, geb. 1935. Begründer des Wado-Ryu-Karate-Stiles (siehe dort).

Abb. 122: Hironori Ohtsuka, der Begründer des Wado-ryu-Karate.

Oi (jap.): dagegen anstürmen, los-stoßen, bedrängen.

Oibara (jap.): Selbstentleibung auf dem Schlachtfeld. Besondere Form des Hara-kiri (= Seppuku), siehe jeweils dort. Ehrenvoller Selbstmord des Gefolgsmannes nach dem Ableben seines Herrn, z. B. in einer ausweglosen Schlacht. Auf diese Weise folgten gute Krieger ihrem gefallenen Herrn in den Tod.

Oibara Fu-Shi (jap.): dramatische Budo-Geschichte in Roman-Form über eine Samurai-Familie, die wirklich im japanischen Mittelalter gelebt

hat, und die von dem alten Bushido-Brauch des „Oibara" handelt (Oibara = spezielle Form des Selbstmordes, Fu = Vater, Shi = Sohn).

Oi-geri (jap.): Tritt nach Ausfallschritt.

Oi-komi (jap.): Spurt, Endspurt.

Oi-komi-geiko (jap.): den Gegner durch stürmischen Angriff in Bedrängnis bringen (siehe auch unter Kakari-geiko).

Oi-mawashi-geri (jap.): Halbkreis-fußtritt.

Oi-nukite (jap.): gerader Speerhand-(Fingerspitzen-) Stoß.

Oi-zuki (jap.): gerader Karate-Fauststoß, Angriffsstoß. Gleichzeitiger Fauststoß (z. B. rechtes Bein vorn, rechte Faust stößt).

Abb. 123: Oi-zuki, gerader (gleichzeitiger) Karate-Fauststoß.

Oji-gaeshi (jap.): Abwehr, Parade.

Oji-waza (jap.): Gruppe der Konter- bzw. Verteidigungs-Techniken.

O-kesa (jap.): wörtlich „große Schärpe", „Priestergewand". Bezeichnung eines Schwertschlages im Ken-jutsu. Hieb quer durch den Oberkörper, von der rechten Schulter bis zur linken Hüfte.

Okii (jap.): groß, größer, breit, lang.

Okinawa: japanische Insel, größte Insel der Riu-Kiu-Gruppe, 110 km lang und 4–12 km breit, Hauptstadt Naha. Seit 1945 von den USA mit-verwaltet. Hier entstanden schon vor dem 14. Jahrh. die Kobudo- (siehe dort) Waffenkünste wie z. B. der Umgang mit der Stichwaffe Sai, der Holzwaffe Tonfa, der Sichelwaffe Kama und den kurzen und langen Stockwaffen. Entwickelt aus Gebrauchsgegenständen der Landbevölkerung oder aus Werkzeugen, dienten sie in kriegerischen Zeiten (oft abgewandelt) zur Selbstverteidigung.
Okinawa (südlich von Japan gelegen) gilt gleichzeitig als das Ursprungsland des japanischen Karate sowie als Ausgangsort der Kata Pinan, Naihanchi, Chinto, Bassai, Seishan, Jitte, Jion, Sanchin usw.
Der Begründer des modernen Karate, Funakoshi Gichin (siehe dort), wurde 1871 in Naha auf Okinawa geboren.

Okinawa-te (jap.): ursprünglicher Name und frühere Form des heutigen Karate.

Okori-waza (jap.): Gruppe sämtlicher Angriffs-Techniken. Zuschlagen, bevor der Gegner schlägt.

Okuden (jap.): geheime, überlieferte Doktrien = Lehren, Standpunkte. Siehe auch unter Hiden.

Okuri (jap.): nachschicken, nachsenden, beide, begleiten, verbunden sein mit.

Okuri-geri (jap.): nachfolgender Geradeaus-Kick, aus Soto-biraki-jigotai-dachi.

Okuri-Ippon-Kumite (jap.): Kombinationstraining. Kampffolge: 1. Angriff mit Ansagen, Abwehr mit Gegenangriff und Ausweichen. 2. Angriff ohne Ansagen, Abwehr mit Gegenangriff.

Okuri-zuki (jap.): nachfolgender Geradeausschlag.

Omote (jap.): fundamental, die Oberfläche, die Vorderseite. Gegensatz: Ura.

Omote-waza (jap.): Gruppe sämtlicher fundamentaler oder Haupt-Techniken.

Omoto (jap.): Grundlage, Ursache, Basis.

Oni-ken (jap.): ausgestreckte Knöchelfaust.

Onin no Ran (jap.): berühmte japanische Schlacht (von Onin no Ran) in den Jahren 1467 bis 1477. „Krieg der Onin-Ära". Erbfolgekrieg des Ashikaga-Shogunats.

Onshin-jutsu (jap.): die Kunst sich unsichtbar zu machen.

Onyo-Do (jap.): der Weg von Yin und Yang. Im 5. und 6. Jahrhundert von China über Korea nach Japan gekommene Wissenschaft und Lehre über die Zusammenhänge der Gegensätze von Yin und Yang (siehe jeweils dort).

O-rei (jap.): große Verbeugung. Danken.

Oroshi (jap.): nach unten.

Oroshi-uchi (jap.): niedergehender, nach unten führender Schlag oder Stoß.

O-sabaki-no-kamae (jap.): große Halbkreisstellung.

Osae (jap.): halten, herunter-halten, unbeweglich machen, Immobilisation.

Osae-komi (jap.): Haltegriffe.
Bedeutet auch: ich habe ihn unter Kontrolle.
Bedeutet auch: das Legen der Matte.

Osae-komu (jap.): ihn niederhalten.

Osae-ru (jap.): am Boden festhalten.

Osae-uke (jap.): Preßabwehr.

O-sensei (jap.): großer Meister.

Oshi-ego (jap.): Schüler, Lernender.

Oshi-komi-geri (jap.): drückender Fußtritt.

Oshi-uke (jap.): Preßabwehr untere Stufe.

Osoi (jap.): langsam.

O-soto-gari (jap.): große Außensichel, Beinwurf.

Osu (jap.): Grußwort unter Sportlern.
Auch: Ja!

Otagai-ni-rei (jap.): respektvolles verbeugen zueinander.
Siehe auch unter Rei.

Otoko (jap.): männlich, der Mann, der Held (ähnlich dem englichen Robin Hood).

Otoko-date (jap.): ritterlicher Männerbund, um die Schwachen zu schützen und die Starken im Zaume zu halten (date = Selbstkontrolle).

Otoko-gi (jap.): die Ritterlichkeit.

Otoko-kokoro (jap.): „das Herz des Mannes (des Kämpfers) ist so stürmisch wie der Himmel im Herbst".

Otoshi (jap.): fallen, fallenlassen, Wurf, Sturz.
Bedeutet auch: die Falle.

Otoshi-empi-uchi (jap.): Ellenbogenstoß abwärts, nach unten.
Auch: Otoshi-hiji-ate genannt.

Otoshi-hiji-ate (jap.): Ellenbogenstoß abwärts.

Abb. 124: Otoshi-hiji-ate, Ellenbogenstoß abwärts.

Otoshi-mi (jap.): zusammengebundene Knie, duckende Bewegung.

Otoshi-uke (jap.): Faustabwehr nach unten, unter Einsatz des Körpergewichtes. Fall-Abwehr.

Otosu (jap.): fallen lassen.

O-wari (jap.): Ende des Kampfes. Der Schluß.

O-waru (jap): zum Ende kommen.

Oyama, Masutatsu: berühmter koreanischer Karate-Meister und Begründer des Kyokushin-kai-Stiles (siehe dort). Naturmensch, Übermensch, Einsiedler, Stiertöter und Karate-Herkules mit über 100 kg Gewicht. Geboren 1923 in Kinje (genauer: Wa-Ryong-Ri Yong-chi-Myo'n Chul Na Do), Korea.
Kam mit 9 Jahren zum Kempo (siehe dort). Heute besitzt er den 10. Dangrad.
Sein Domizil liegt in den Mitsumine-Bergen, 150 km westlich von Tokio, auf einer Höhe von 2000 m.

Abb. 125: Masutatsu Oyama, der Begründer des Kyokushin-kai-Karate.

Oyayubi-ippon-ken (jap.): Daumenknöchel-Faust.

Pa-kua (chin.): neben T'ai-chi und Hsing-I eine der drei Haupt-Gruppen des chinesischen Boxens. Gedacht zur Körperertüchtigung und Selbstverteidigung ohne Waffen; basierend auf der chinesischen Philosophie und vor ca. 3000 Jahren entwickelt; Kreisbewegungen und Kämpfen mit der offenen Hand sind vorrangig.

Abb. 126: Pa-kua-Symbol · Die Ansicht von acht mal acht Bewegungen zeigt ein kreisförmiges Muster, das den fließenden Rhythmus der Verteidigung symbolisiert. Vierundsechzig Stellungen sind möglich, wenn man das Muster vom äußeren und inneren Kreis kombiniert.

Pankration (griech.): „Allkampf". Altgriechische Athletik, eine Verschmelzung von Faust- und Ringkampf, bei dem alle Mittel erlaubt waren, um den Gegner kampfunfähig zu machen.

Abb. 127: Pankration, der alt-griechische Allkampf.

Pentjak (indon.): indonesische Faust-Kampfkunst, ähnlich dem chinesischen Chuan-fa (siehe dort) und dem japanischen Karate.

Philosophie (philos = griechisch: Freund; sophia = griechisch: Weisheit): Weisheitsliebe, Sinn des Seins und des Lebens, in Griechenland im 6. Jahrhundert v. Chr. begründete geistige Bewegung.
Auch der Budosport hat eine sehr starke philosophische Grundlage.
Siehe auch unter „Do", „Michi", und „Tao" etc.).

Pinan (jap.): wörtlich „friedfertiger Geist". Frühere Bezeichnung für Heian (siehe dort). Name verschiedener Kata im Shotokan-, Kyokushin-, Goju-ryu-, Shukokai-, Sankukai und Wado-ryu-Karate etc.

Prana (ind.): Leben, Atem, grundlegende Lebensenergie.

Pranayama (ind.): Atemtechnik zur Ansammlung von Prana (siehe dort) im Körper, zur Reinigung der Kanäle innerer Energie und zur meditativen Schulung.

Ran (jap.): locker, gelockert. Durcheinander.

Randori (jap.): Übungsform. Freies, lockeres, kampfmäßiges Üben. Dori = greifen.

Randori-Kumite (jap.): freier Übungs-Kampf.

Rakusha (jap.): Prinzip des Gojogoyoku; bedeutet das Ausnutzen der gegnerischen Faulheit für eigene Zwecke.

Re-dachi (jap.): Stand, Stehen wie ein „L".
Siehe auch unter: Renoji-dachi.

Rei (jap.): Begrüßung (als Sinn des Budo). Geist und Handlung als Ausdruck der Höflichkeit, der Verehrung und des inneren Anstandes.
„Rei ni Hajimare, Rei ni Owaru" = Beginnt mit der Begrüßung und endet mit der Begrüßung!
Bedeutet auch: Beherrschung.
Bedeutet auch: Bogen. Verbeugung.
Sho-men-ni-rei = respektvolle Verbeugung zum Dojo, zur Hauptseite.
Shihan-ni-rei = respektvolle Verbeugung zum Meister.
O-tagai-ni-rei = respektvolle Verbeugung zueinander.
Sempai-ni-rei = respektvolle Verbeugung zum Senior (zum Älteren).

Rei-gishaho (jap.): Etikette, Höflichkeit.

Rei-ho (jap.): die Technik (zeremonielle, rituale Form) des Verbeugens und Begrüßens.
Siehe auch unter Ritsu-rei und Za-rei.

Rei-myo-Tote (jap.): geheimes, unerklärbares Karate.

Ren-geri (jap.): wechselndes treten; Doppelfußstoß mit Zwischenschritt.

Renmei (jap.): Föderation, Verband, Bund, Zusammenschluß.

Renoji-dachi (jap.): „L"-förmige Karate-Stellung.
Auch Re-dachi genannt.

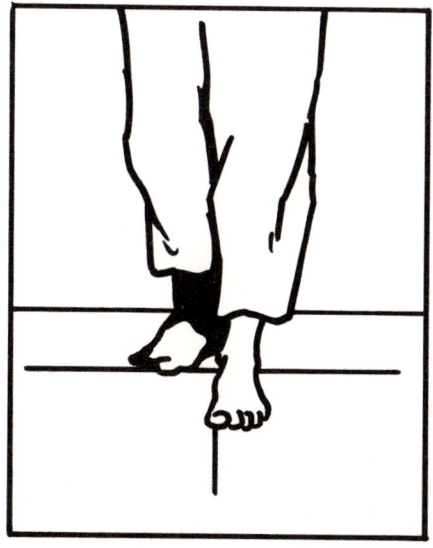

Abb. 128: Renoji-dachi, „L"-förmige Karate-Stellung.

Renraku (jap.): kombinieren, miteinander verbinden.

Renraku-waza (jap.): Gruppe von Kombinationstechniken.
Siehe auch unter: Renzoku.

Renshu (jap.): die Übung, Praxis, freies Lernen.
Siehe auch unter Randori.

Renshu-Kumite (jap.): Übungskampf.

Renshu-shiai (jap.): Übungskampf.

Renshu-shimasu (jap.): trainieren, üben, einstudieren.

Renten Goshin Karate-Jitsu (jap.): „Stärkung der Willenskraft und Selbstverteidigung durch Karate-Techniken (-Kunst)".
Titel eines Fachbuches von Gichin Funakoshi (siehe dort).

Renzoku (jap): die Kontinuität, Aufeinanderfolge, Kombination, Verbindung, Verkettung, fortfahren, verlängern, ununterbrochen.
Siehe auch unter: Renraku.

Renzoku-geri (jap.): kombinierte, hintereinanderfolgende Kick-Techniken.

Renzoku-waza (jap.): Gruppe sämtlicher Schlagfolge- bzw. Kombinations-Techniken.

Ren-zuki (jap.): Doppelfauststoß, abwechselnde, wechselseitige Fauststöße. Rechts-links-Fauststoß; alternatives schlagen.

Renzoku-zuki (jap.): kontinuierliche, aufeinanderfolgende Schläge oder Stöße.

Rikaku (jap.): natürliche Stellung mit einer Distanz.

Riken (jap.): Handrücken, Rückseite der geschlossenen Faust.
Siehe auch unter Ura-ken.

Riken-uchi (jap.): Schlag mit dem Faustrücken.

Rinzai (jap.): japanische Zen-Sekte (Schule) ähnlich dem Soto-Zen. Das Koan (siehe dort) wird jedoch in formeller Weise gebraucht um Satori (siehe dort) zu erstreben.

Rio (jap.): siehe unter Ryo.

Risei (jap.): ri = Vernunft, Logos; sei = zu vergl. mit unserer Endsilbe „tät". Beide Begriffe zusammen wahrscheinlich erst in der Meiji-Periode (vor rund 90 Jahren) entstanden. Risei-taki = vernünftig.

Ritsudo (jap.): „Rhythmus", Gefühl. Ist ein Teil jeder Aktivität und der kontinuierliche Übergang von einer Kampfaktion in die andere.

Ritsu-rei (jap.): höflicher Gruß, Verbeugung im Stehen.
Siehe auch unter Sei-za, Tai-za und Za-rei.

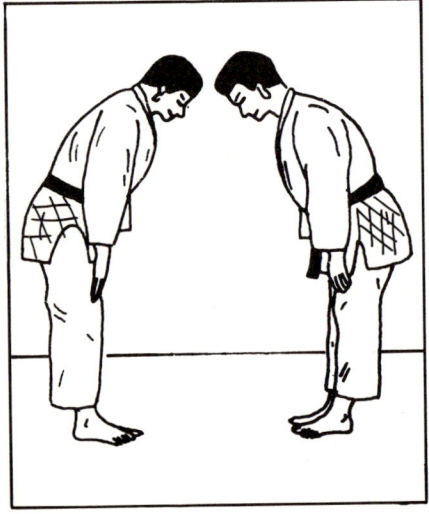

Abb. 129: Ritsu-rei, die Verbeugung im Stand.

Ritsu-Zen (jap.): Meditation im Stehen.

Roku (jap.): sechs.

Roku-Dan (jap.): 6. Budo-Meistergrad, Shima-obi = rot-weißer Gürtel.

Roku-Kyu (jap.): 6. Schülergrad, Shiro-obi = weißer Gürtel.

Rokutai (jap.): ungedeckte Rippen, Atemi-Angriffspunkt.

Ronin (jap.): wörtlich „Wellenmänner". Umherziehender Samurai ohne anerkannten Herrn. Bezeichnung für einen Samurai in der jap. Feudalzeit, der seinen Lehnsherrn durch Tod verloren oder diesen freiwillig oder wegen eines Vergehens verlassen hat. Meist verarmt, schlossen sich mehrere Ronin zu Banden zusammen und beteiligten sich an vielen Aufständen. Die 47 Samurai von Ako (im Roman „Die 47 Ronin") wahrten nach dem Tode ihres Lehnsherrn diesem auch als Ronin die Loyalität.

Roshi (jap.): wörtlich: alter, „ehrwürdiger" Meister. Ehrentitel für einen Menschen von tiefer Zen-Erfahrung. Zen-Meister, Ober-Mönch.

Ryo-Rio (jap.): zwei, beide.

Ryo-ashi-dori (jap.): Zweihandsichel, auch Morote-gari genannt. Wurftechnik.

Ryogan-zuki (jap.): Stoß in die Augen.

Ryo-hiji (jap.): beide Ellenbogen.

Ryo-kado (jap.): beide Seiten einer Ecke.

Ryo-kata-oshi (jap.): die Schultern niederdrücken.

Ryoken-koshi-kamae (jap.): Stellung aus der Naihanchin-Position.

Ryo-sho-sokumen-uke (jap.): Seitwärtsabwehr mit beiden Händen.

Ryo-sho-tsukami-uke (jap.): festhalten, mit beiden Händen.

Ryo-te-dori (jap.): Griff beider Hände.

Ryo-tobi-no-kamae (jap.): beidseitige Ausfallstellung.

Ryu (jap.): Fachrichtung, Stilrichtung, Schulungs-Methode, Art, Geheimschule.
Nach 1903 wurden in Japan die folgenden Karate-Stilrichtungen gegründet: Goju-ryu, Shorin-ryu, Shotokan-ryu, Nihon-Kempo-ryu, Shindo-Jinen-ryu, Wado-ryu, Kushin-ryu, Kan-ryu u. a. (siehe jeweils dort).

Ryu-gi (jap.): Schule, Schulungsmethode.

Ryu-ha Karate-jutsu (jap.): das akademische Studium der Faustkampfkunst.

Ryu-Kyu-Inseln: japanisches Inselreich, Inselkette (meist vulkanischen Ursprungs), zwischen Kiuschu und Formosa, südlich des jap. Festlandes gelegen. Hauptinsel = Okinawa (siehe dort), 2.388 qkm groß.
Hier entstand um 1920 die Vorstufe des heutigen japanischen Karate.

Ryu-kyu-Kempo Karate: erstes Karate-Lehrbuch von Gichin Funakoshi. Veröffentlicht vom Bukyosha-Verlag in Tokio im Jahre 1922. Titel der 5 Kapitel: Was ist Karate? Der Wert des Karate / Karate üben und lehren / Der Aufbau des Karate sowie Grundlagen und Kata. Im Jahre 1926 wurde dieses Buch vom jap. Kobundo-Verlag neu aufgelegt unter dem Titel „Renten Goshin Karate-Jitsu = Stärkung der Willenskraft und Selbstverteidigung durch Karate-Techniken.

S

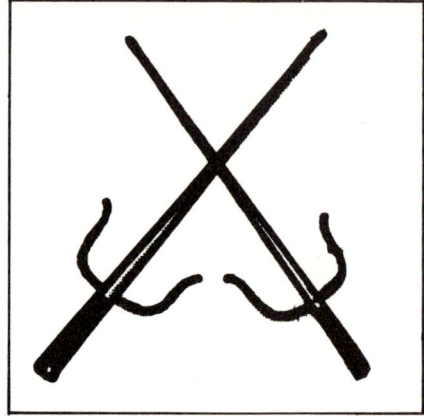

Abb. 130: Sai-Gabeln, Karate- und Kobudo-Trainingsgeräte.

Sabaki (jap.): drehen, sich verteidigen, fließend ausweichen, vereiteln. Die Formen der Bewegung. Bezeichnung für alle Arten des Gehens.
Ashi-sabaki = das gradlinige Gehen durch Gleitschritte (in Migi- oder Hidari-kamae).
Tai-sabaki = das kreisförmige Gehen durch Beistellschritte. Auch: Bewegung im Gleichgewicht. Körperdrehung.
Ashi- und Tai-sabaki können miteinander verbunden werden, um Mai-ai (richtiger Abstand, siehe dort) zu erreichen.

Sagaru (jap.): sinken, zurückweichen, ausweichen.

Sagaru-no-kamae (jap.): Rückwärtsstellung.

Sagaru-tobi-no-kamae (jap.): rückwärtige Ausfallstellung.

Sagi-ashi-dachi (jap.): Stand auf einem Fuß, in der Gankaku-Kata (siehe dort). So benannt, weil der Stand auf einem Bein ähnlich ist dem Kranich auf einem Felsen, der sprungbereit den Feind anvisiert.

Sai (jap.): asiatische Angriffs- und Verteidigungswaffe aus Metall, Gabelform, „Dreizack". Man trägt meistens 3 Sai-Gabeln, eine als Reserve im Gürtel, als Wurfwaffe zu gebrauchen, u. a. auch zur Abwehr gegen das Kampfschwert Katana.

Saifa (jap.): höhere Kata im Naha-te. Auch: Shitei-Kata im Goju-ryu-Karate.

Saiten (jap.): Punktzahl.

Sakotsu (jap.): Schlüsselbein, Atemi-Angriffspunkt.

Sakotsu-joka (jap.): obere Schlüsselbeinvertiefung, Atemi-Angriffspunkt.

Sakotsu-kaka (jap.): unter Schlüsselbeinvertiefung, Atemi-Angriffspunkt.

Sakotsu-uchi (jap.): Schlag auf das Schlüsselbein.

Sakotsu-uchi-komi (jap.): schwingender Schlag auf das Schlüsselbein.

Sampai (jap.): dreifache Verbeugung vor dem Meister, die Stirn am Boden, die Handflächen beiderseits des Kopfes zum Himmel gerichtet.

Samurai (jap.): japanischer Ritter der Feudalzeit; wörtlich „Dienender" oder „Aufwartender". Bewaffnetes Begleit- und Schutz-Personal der kaiserlichen

Gemahlinnen, der Prinzen und des hohen Adels. Später dann die Angehörigen des organisierten Krieger- und Militärstandes (= Buke und Bushi, siehe jeweils dort). Ab dem 13. Jahrhundert Bezeichnung für die unmittelbaren Vasallen (= Lehnsherren) des Shoguns (siehe dort) und der Lehnsfürsten (= Daimyos). Die Samurai hatten das Privileg zwei Schwerter zu tragen.

Ab dem 17. Jahrhundert gehörten sie der obersten Klasse der jap. Sozialordnung an. Die Mehrzahl der späteren Gelehrten, Priester, Ärzte und Künstler gingen aus dem Stand der Samurai hervor. Nach Beendigung der Meiji-Restauration um 1912 wurden die Samurai entweder zum normalen Bürger oder in den neuen Adelstand erhoben. Dadurch gaben sie ihre kriegerischen Privilegien (Vorrechte) auf.

Abb. 131: Samurai, der Ritter des erblichen Kriegerstandes (heute auch Shizoku genannt), auf einem galoppierenden Pferd.

San (jap.): drei.
Bedeutet auch: Herr oder Frau (hinter dem Namen, z. B. (Funakoshi-san).

Sanbon (jap.): dreiteilig, dreifach, Dreier…
Auch Sanbu oder sanbun genannt.

Sanbon-geri (jap.): drei aufeinanderfolgende Fußtritte.

Sanbon-Kumite (jap.): dreimaliger Angriff und dreimalige Abwehr (Gegenangriff nach der dritten Abwehr). Dreischritt-Kumite, Partnerübung mit 3 Angriffen.

Sanbon-shiai (jap.): Kampf um drei Wettkampf-Punkte.

Sanbon-waza (jap.): Okinawa-Karate-Gehtechnik, bei der man gleichzeitig drei Schritte vorwärts geht.

Sanbon-zuki (jap.): drei hintereinanderfolgende Faustschläge, einmal zur oberen Stufe und zweimal zur mittleren Stufe.

Sanchin (jap.): wörtlich „drei Phasen“. Name einer höheren Karate-Kata, bei der vor allem die Respiration (= Atmung) zur Geltung kommt.

Sanchin-dachi (jap.): Dreieck-Stellung, Sanduhrstellung, Hauptstellung im Naha-te.

Sanchin-no-Kata (jap.): siehe unter Sanchin.

San-Dan (jap.): 3. Budo-Meistergrad, Kuro-obi = schwarzer Gürtel.

San-dan-geri (jap.): Fußtritt in drei Richtungen.

Sankaki (jap.): Dreieck, Triangel

Abb. 132: Sanchin-dachi, die Dreieck-Stellung.

Sankaku-tobi (jap.): Dreieck-Sprung, u. a. in der Meikyo-Karate-Kata vorkommend, dem geheime und geistige Bedeutungen zugeschrieben werden.

Sankaku-tobi-geri (jap.): Dreieck-Sprungtritt.

Sankukai (jap.): Karate-Stilrichtung des jap. Meisters Yoshinao Nanbu, 8. Dan (in Frankreich lebender Karatemeister und Kobudo-Experte).

San-kyu (jap.): 3. Schülergrad, Midori-obi = grüner Gürtel.

San-no-do (jap.): dritter Körperschlag, Schwertschlag im Ken-jutsu. Hieb durch den Bauch.

Sanren (jap.): dreimaliger Sieg hintereinander.

Sanren-geri (jap.): drei hintereinander-folgende Fußtritte. Siehe auch unter Sanbon-geri.

Sanren-zuki (jap.): drei hintereinander-folgende Faustschläge. Siehe auch unter Sanbon-zuki.

Sansen-tachi (jap.): Drei-Kampf-Stellung.

San-setsu-kon-Nunchaku: Drei-Glied-Nunchaku.

San-shou (chin.): chinesischer Freistilkampf, Allkampf.

Sasae (jap.): stützen, unterstützen, abstützen.

Sasae-ru (jap.): halten, abstützen, beherrschen, abblocken.

Sasoi (jap.): jemanden aus der Reserve locken.

Sasoi-Kuatsu (jap.): Wiederbelebungs- bzw. Erste-Hilfe-Methode zur Förderung des ein- und ausatmens durch Druck mit beiden Händen auf den Brustkorb.

Satori (jap.): Seinsweise im Zen (siehe dort); bedeutet soviel wie einmalige oder dauernde „Erleuchtung" (Sanskrit = Bodhi), Zustand, Leere (= Ku), Endphase; u. a. Aufhebung jeglicher Unterschiedlichkeit; Erlangung der ursprünglichen Reinheit; das Absolute. Begriff aus dem Zen-Buddhismus Japans. Erfahrung überpersönlicher Einheit jenseits des Bewußtseins. Im Satori ist jeder Gegensatz, jede Spaltung und Unterscheidung aufgehoben. Zu erreichen durch Meditation. Siehe auch unter Kensho.

Saya (jap.): Schwertscheide, Futteral.

Abb. 133: Seiken, die normale Faust. Der aus Stein gemeiselte Nio-Tempelwächter (Gottheit) bedroht damit jeden Eindringling.

Sayu-uchi (jap.): Rechts-links-Schlag.

Sei (jap.): Inaktivität, Ruhe, physisches Gleichgewicht.

Seien (jap.): zurufen, anfeuern. Bedeutet auch: dämonisch schön.

Seienchin (jap.): höhere Karate-Kata im Naha-te. Auch: Shitei-kata (siehe dort) im Shito-ryu.

Seifuku (jap.): verrenken, brechen von Knochen, sowie Erste Hilfe zu solchen und ähnlichen Budo-Verletzungen.

Seiho (jap.): traditionelle japanische Heilkunde, die auf chinesischen Systemen beruht. Das Seiho, das zum Ausbildungsprogramm des Shorinji-Kempo (siehe dort) gehört, umfaßt u. a. Akupressur (die Anwendung von Druck an Akupunktur-Punkten) und Knochenmanipulationen.

Seiken (jap.): normale Faust, Stirnseite der Faust, Vorderfaust (die ersten beiden Knöchel hervorstehend).

Seiken-choku-zuki (jap.): gerader Stoß mit der Vorderfaust (mit der Stirnseite der Faust).

Seiken-tanden (jap.): Magen.

Seipei (jap.): fortgeschrittene Kata im Naha-te. Auch: Shitei-Kata (siehe dort) im Goju-ryu-Karate.

Seiri-undo (jap.): ergänzende, zusätzliche Übungen.

Sei-ryuto (jap.): „Hand wie ein Ochsenkiefer", gebogene Schwerthand.

Sei-ryuto-uchi (jap.): gebogener Schwerthandschlag.

Sei-ryuto-uke (jap.): gebogene Schwerthand-Abwehr.

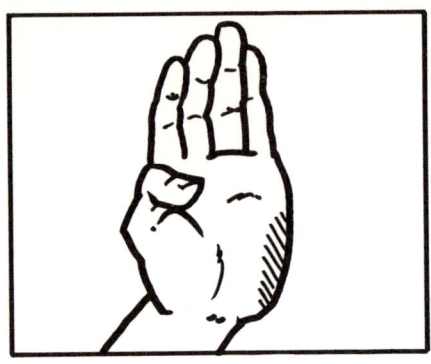

Abb. 134: Sei-ryuto, die gebogene Schwerthand.

Seishan (jap.): siehe unter Hangetsu.

Seishin (jap.): in allen japanischen Kampf- und Kriegskünsten verbreiteter Begriff der geistigen Reife und Energie. Die Motivation, der Patriotismus und die Unabhängigkeit des Kriegers, des Ritters und des Kämpfers. Geistige (moralische) Kraft als Grundlage der Unbesiegbarkeit.

Seito (jap.): Schüler-Student.

Sei-za (jap.): asiatische Form des Sitzens auf den Fersen, knieende Position. Shikantan-za = „nichts als nur sitzen".
Auch Tai-Za genannt (siehe dort).

Sekito-ate-waza (jap.): Gruppe sämtlicher Fußspitzen(ballen)stöße.

Semete (jap.): Angriffsplan, die angreifende Seite; z. B. der Angreifer in der Kata.

Sempai (jap.): der Ältere, Tudor (= Herrscher, Aufpasser) des Schülers (Kohai).

Sempai-ni-rei (jap.): respektvolle Verbeugung zum Senior (zum Älteren). Siehe auch unter Rei.

Sen (jap.): dem Angreifer zuvorkommen.
Bedeutet auch: aus eigener Kraft, Geist.

Senaka (jap.): Rücken, Körper.

Sen-ho Ken-jutsu (jap.): die eigentliche kriegerische Schwertausbildung.

Sen-jutsu (jap.): Taktik, strategische Kunst.

Senki (jap.): der Geist des Krieges.
Bedeutet auch: die Kriegsgeschichte oder: die Stunde des Angriffs ist gekommen.

Sen-kotsu (jap.): Kreuzbein, Atemi-Angriffspunkt.

Sen-no-sen (jap.): Initiative im Angriff. Die von Uke (siehe dort) aufgewendete Kraft. Ein geistiger Zustand. Höchste Form der Initiative durch Einsatz von Geist, Technik und Kraft in den Kampfkünsten.
Bedeutet auch: direkter Angriff
Siehe auch unter Sen, Go-no-sen und Sen-sen no-sen.

Sensei (jap.): übliche Anrede für Professoren, Lehrer, Meister und Ärzte; oft ranghöchster Danträger im Dojo (siehe dort), z. B. Nakayama-Sensei.

Sensei-ni (jap.): Ausrichten der Kämpfer und Teilnehmer zum Lehrer (Kommando).

Sensei-ni-rei (jap.): Gruß der Kämpfer und Teilnehmer zum Lehrer (Kommando).

Sen-sen no-sen (jap.): dem Gegner zuvorkommen. Angreifen in dem Augenblick, wenn die Angriffsabsicht des Gegners noch nicht durch seine Bewegung zu erkennen ist.

Sento-gata (jap.): „Ein Mann der Schlacht". Viele Karate-Schüler benannten früher so einen Karate-Meister.

Sentsui (jap.): Nackenknochenwölbung, Atemi-Angriffspunkt.

Seoi (jap.): Schulter, Rücken.

Seppuku (jap.): Höfischer Ausdruck für die Selbstentleibung des japanischen Adligen; unterlegene Heerführer, Krieger, die ihren Herrn verloren, in ausweglosen Situationen begangen, insbesondere von den damaligen Samurai.
Auch Hara-kiri, Kappuku oder Tofuku genannt. Siehe auch unter Oibara.
Der Freitot Seppuku ist nicht nur ein selbstmörderischer Akt. Er ist eine Institution, legal und feierlich zugleich, eine Erfindung des japanischen Mittelalters, ein Prozeß, bei dem ein Krieger seine Verbrechen sühnen, seine Irrtümer entschuldigen, seiner Schande entfliehen, seine Freunde rächen oder auch nur seine Ernsthaftigkeit beweisen konnte.

Sesshin (jap.): eine Zeit intensiven Zazen-Trainings. Ein oder mehrere Tage gemeinsames Leben, Konzentration und Stille im Dojo. Man übt vier bis fünf Stunden Za-zen pro Tag, unterbrochen von Vortrag (Mondo), Arbeit (Samu) und den Mahlzeiten.

Seydel, Jürgen: Initiator und Begründer des Karate in Deutschland. Jahrgang 1917. Begann 1939 mit Judo an der Bonner Universität. Nach dem Krieg Begegnungen mit Karate. 1957 Gründung des ersten Karate-Dojos in der Bundesrepublik in Bad Homburg v.d.H., welches heute noch existiert.
Danach Herausgabe des ersten deutschsprachigen Karate-Lehrbuches, Propagieren von Karate in Presse und Fernsehen, Einladungen zu Zentrallehrgängen nach Bad Homburg v.d.H.
1961 Gründung des Deutschen Karate-Bundes (DKB) im Anschluß an einen Lehrgang mit Tetsuji Murakami. Danach langjährige Tätigkeit als Sportwart und Bundestrainer (sowie „Spiritus-Rector" = führender, belebender Geist, treibende Kraft) des DKB, später Vorsitzender und bis 1980 Geschäftsführer. Seit Oktober 1980 im Ruhestand. Lebt heute in Usingen (Taunus).

Abb. 135: Jürgen Seydel, der Begründer des Karate in Deutschland.

Shaken (jap.): siehe unter Shuriken.

Shak-kotsu (jap.): die Elle, Ellenbogenknochen, Atemi-Angriffspunkt.

Shak-kotsu-kata (jap.): untere Schlüsselbeinvertiefung, Atemi-Angriffspunkt.

Shak-kotsu-shinkei (jap.): Innenseite des Ellenbogens, Atemi-Angriffspunkt. Shinkei = Nerven.

Shako-ken (jap.): Krallenhand, Adlerklaue.

Shaolin-Kloster (chin. = Shaolin-ssu, jap. = Shorin-ji): buddhistisches Kloster, gelegen bei Dengfeng auf dem heiligen Sung-shan-Berg in der chinesischen Provinz Honan, erbaut im Jahre 477 n. Chr. von Kaiser Hsiaowen. Zufluchtsort von Bodhidharma (siehe dort).
Antiker Ausgangspunkt vieler asiatischer Kampfkünste, denn die Vorläufer des heutigen Kempo, Kung-fu und Karate etc. sollen hier von Bodhidharma und einer Gruppe von Mönchen entwickelt worden sein.
Das Kloster wurde 1982/83 gründlich renoviert und ist seitdem Anziehungspunkt für chinesische und ausländische Touristen und Kampfsportler.

Abb. 136: Tigerform-Technik aus dem Shaolin-Hsing-chuan.

Shaolin-ssu: siehe unter Shaolin-Kloster.

Shi (jap.): Krieger, Ritter, Herr. Bedeutet auch: vier.

Shiai (jap.): Wettkampf, Wettbewerb, Turnier. Oft gegliedert in Kata- und Kumite-shai.

Shiai-geiko (jap.): Wettkampf-Training. Vorbereitung auf den Wettkampf.

Shiai-jo (jap.): Kampffläche, Mattenfläche, Arena.

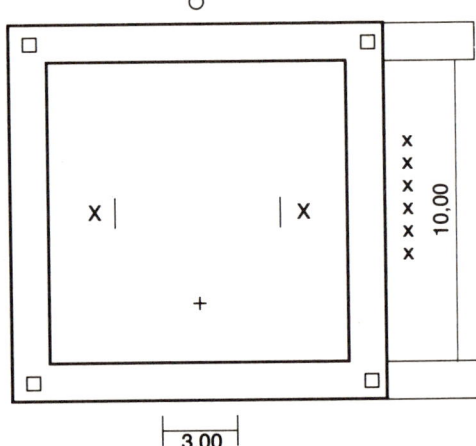

Abb. 137: Shiai-jo, die Kampfflächen-Aufteilung.

Shiatsu (jap.): japanische Heilmassage und Akupressur. Shi = Finger, atsu = Druck. Die Kunst der Fingerdruckmassage, mit der Energieblokkierung in den Meridianen (Lebenskraftlinien) gelöst werden können. Heilung und Selbstheilung. Shiatsu basiert auf den Prinzipien der jahrtausendealten chinesischen Medizin, die Körperstrukturen und -funktionen stets in Verbindung mit der in den Meridianen zirkulierenden Lebensenergie Ch'i sah.

Shibori (jap.): würgen, strangulieren.

Shichi (jap.): sieben.

Shichi-Dan (jap.): 7. Dan. Träger des siebten Meistergrades, Shima-obi = rot-weißer Gürtel.

Shichi-Kyu (jap.): siebter Schülergrad, 7. Kyu, weißer oder orangener Gürtel.

Shichidan-keri-no-renshuho (jap.): „Sieben-Schritte-Kick-Training".

Shi-dan = Yo-dan (jap.): 4. Dan, Träger des vierten Meistergrades, Kuro-obi = schwarzer Gürtel.

Shido (jap.): Beobachtung, Bemerkung, aufmerksam machen. Bestrafung durch den Kampfrichter, für leichte Regel-Verstöße oder für Nicht-Kämpfen.

Shihan (jap.): Titel für den höchsten Würdenträger, Vorbild, Meister, Lehrer, Doktor, Professor, z.B. für Gichin Funakoshi, Shihan, den Begründer des modernen Karate.

Shihan-ni-rei (jap.): respektvolle Verbeugung zum Meister.
Siehe auch unter Rei.

Shiho (jap.): „die vier Himmelsrichtungen". Vier Seiten. Die Weitergabe und Überlieferung (Beglaubigung) der Lehre der Wahrheit von Meister zu Meister (in der Nachfolge Buddhas).

Shihon-nukite (jap.): Speerhand, wobei alle vier Finger als natürliche Angriffs-„Waffe" benutzt werden. Der Daumen wird dabei nach innen zur Handfläche gebogen.

Shiho-wari (jap.): Härte- oder Schlagtest gegen vier Seiten.
Siehe auch unter Shiwari.

Shikan (jap.): die meditative Erleuchtung.

Shikan-taza (jap.): „einfaches Sitzen". Konzentrationsübung des Zazen.

Shiki (jap.): das Sichtbare, die Form, die Gestalt.
Gegenteil: Ku (siehe dort).
Bedeutet auch: Kampfgeist.

Shikkaku (jap.): Disqualifikation nach Mattenflucht.

Shikko (jap.): Drehbewegungen auf den Knien, um die Balance zu schulen. Vorübungen zum Erlernen der Suwari-waza-Sitztechniken (siehe dort und unter Tai-za).

Shiko-dachi (jap.): Breitbein-Stellung, Pferde-Stand, Sumo-Stand, ähnlich dem Kiba-dachi.

Abb. 138: Shiko-dachi, der Pferdestand.

Shi-kyu (jap.): 4. Kyugrad, Träger des vierten Schülergrades, Daidaiiro-obi = orangener Gürtel.

Shima-obi (jap.): rot-weißer Gürtel, 6.–8. Dangrad.

Shime/Jime (jap.): würgen, strangulieren.

Shimoseki (jap.): untere Seite, Sitz der Schüler; gegenüber Joseki (siehe dort) gelegen. Zur Dojo-Raumaufteilung und -Etikette gehörend.

Shimoza (jap.): unterer Sitz, tiefer Platz, für Schüler; gegenüber Kamiza (siehe dort) gelegen. Zur Dojo-Raumaufteilung und -Etikette gehörend.

Shimpan: siehe unter Shinpan.

Shimpi-tote (jap.): unerklärbares, mysteriöses Karate.

Shin (jap.): Herz (= Kokoro), Wirklichkeit, Wahrheit, Aufrichtigkeit, Vertrauen.

Abb. 139: Kendokämpfer mit dem Shinai-Holzschwert.

Shinai (jap.): Kendo-Holzschwert, von mehreren Bambus-Latten durch Lederstreifen zusammengehalten.

Shinbo (jap.): „Achse". In der Hand zu tragende Metall-Waffe, in der Form ähnlich einem Steigbügel, wobei der Mittelfinger durch den Ring geführt wird (siehe auch unter Kubotan und Yawara-stick).

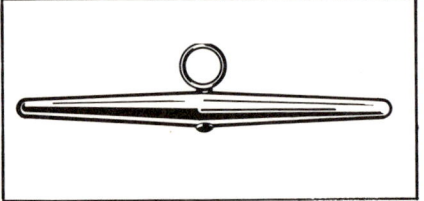

Abb. 140: Shinbo, Selbstverteidigungs-Utensil.

Shinken (jap.): ernst, im Ernstfalle.

Shinken-shobu-no-Kata (jap.): ernsthafter Kampfangriff, kata-mäßig vorgetragen.

Shinketsu (jap.): ernsthaft, mit ganzer Seele arbeiten, trainieren.

Shinko-Kata (jap.): Kata für Fortgeschrittene.

Shinpan (jap.): Kampfrichter, der Unparteiische.

Shinpan-ni-rei (jap.): Grußaufforderung in Richtung der Kampfrichter; aus der Kampfrichter-Sprache.

Shinsenbu (jap.): Herzspitzengegend, Atemi-Angriffspunkt.

Shin-shin (jap.): blockieren, verhaften.

Shintai (jap.): Gehschule, richtiges Gehen, die Formen des Gehens.

Die Formen des Stehens, des Gehens und des Bewegens

Tachi	= Stand, Stehen
Shizen-tai	= Gundstellung, Ausgangsposition
Shizen-hontai	= wie oben
Migi-shizen-hontai	= Grundstellung rechts
Hidari-shizen-hontai	= Grundstellung links
Jigotai	= Verteidigungs- stellung
Migi-jigotai	= Verteidigungs- stellung rechts
Hidari-jigotai	= Verteidigungs- stellung links
Shintai	= Gehschule, rich- tiges Gehen
Ayumi-ashi	= Gehen mit sich überholenden Schritten
Tsuri-ashi	= Gehen mit sich überholenden, jedoch schleifen- den Schritten
Tsugi-ashi	= Nachstellschritt, schleifend, die Füße überholen sich nicht
Shintai-tai-sabaki	= Verschiedene Formen der Drehbewegung des Körpers
Migi-tai-sabaki	= Körperdrehung nach rechts
Hidari-tai-sabaki	= Körperdrehung nach links

Shinto/Shintoismus (jap.): Weg der Götter. Ursprüngliche (altnationale) Religion der Japaner, entstanden aus Natur- und Seelenkult, aus Ahnenver- ehrung und mythologischen Vorstel- lungen.
Siehe auch unter Kami.

Shinzo (jap.): Herz, herzlich.

Shinzo-Kuatsu (jap.): japanische Kunst der Wiederbelebung und der Ersten Hilfe, das Herz betreffend.

Shiro (jap.): weiß.

Shiro (aka) Jogai-chui (jap.): Ver- warnung nach Mattenflucht für Weiß (Rot).

Shiro (aka) no-kiken-niyori (jap.): Kampfaufgabe von Weiß (Rot).

Shiro-obi (jap.): weißer Gürtel, 6. Kyu- grad, Ruku-Kyu.

Shiro-no-kachi (jap.): „Sieg für Weiß!" Entscheidung aus der Kampf- richter-Sprache.

Shisei (jap.): Stellung, Grundstellung, richtiges Stehen.

Shita (jap.): unten, nach unten, untere Seite.

Shita-hara (jap.): der untere Teil des Bauches (des Hara).

Shita-uchi (jap.): Stoß nach unten.

Shita-zuki (jap.): Schlag nach unten.

Shitei (jap.): Meister und Schüler, Leh- rer und Jünger (und ihre Pflicht unter- einander).

Shitei-Kata (jap.): Karate-Grund- Kata, die der Meister dem Schüler lehrt. Pflicht-Kata.

Shito (jap.): der Kampf auf Leben und Tod; um sein Leben zu kämpfen.

Shito-ken (jap.): Faust-Aufwärts- schlag mit hervorstehendem Dau- men.

Shito-ryu (jap.): Okinawa-Karate-Stil. Eine der vier großen japanischen Karate-Stilrichtungen. Begründer war Kenwa Mabuni (siehe dort) aus Osaka.

Der Name dieses Karatestiles stammt von den japanischen Schriftzeichen für die alten Karatemeister Itosu und Kanryo Higa(shi)onna (siehe dort).

Shitsuto (jap.): Kniescheibe.

Shittsui (jap.): Kniehammer, Hammerstoß mit dem Knie.

Shiwa (jap.): Fingersprache.

Shiwari (jap.): Schlagtest, Bruchtest.

Shizen (jap.): natürlich, die Natur, Urzustand.

Shizen-dachi (jap.): natürliche Grundstellung.

Shizen-hontai (jap.): Grundstellung, Ausgangsposition.

Shizen-ken (jap.): die natürlichen „Waffen" des Körpers: Arme und Beine als Verteidigungs-„Werkzeuge".

Shizen-Kumite (jap.): natürliches Kumite (Kampf).

Shizen-no-kamae (jap.): Kampfstellung, natürliche Grundstellung.

Shizen-tai (jap.): Normalstellung, Ausgangsposition, natürliche Grundstellung.

Sho (jap.): offene Hand, Handfläche.

Shobu (jap.): Kampf, Wettkampf, Wettstreit.

Shobu-ari (jap.): Kampfende durch wirkungsvollen Angriff.
Bedeutet auch: der Gewinner.

Shobu-geiko (jap.): Wettkampftraining.

Shobu-ippon(sanbon)hajime (jap.): „fangt an!" bei einem Kampf um einen (oder drei) Punkte. – Zeigt einen (drei) Punkt(e).

Shobu-zuyosa (jap.): „aus einer Niederlage einen Sieg machen".

Shochu-geiko (jap.): Kampfsporttraining im heißen Sommer.

Sho-Dan (jap.): 1. Budo-Meistergrad. Kuro-obi = schwarzer Gürtel.

Shogun (jap.): Erbstatthalter. Titel des Militär-Regenten, Diktator. Früh-japanischer Kriegs- und Amtstitel, ursprünglich verliehen an die Heerführer der Feldzüge gegen die Ainu (siehe dort), unter der Bezeichnung „Sei-i-tai-Shogun" = großer Feldherr zur Unterwerfung der Barbaren. 1185 n. Chr. wieder neu zur Geltung gekommen.

Shogunat (jap.): oberste Militär-Instanz.

Shoin (jap.): Shotokan-Karate-Kata, so benannt von dem Begründer des modernen Karate Gichin Funakoshi. Heute auch „Chinte" genannt, siehe dort.

Shomen (jap.): vorne, die Front, Ehrenplatz.

Sho-men-ni-rei (jap.): respektvolle Verbeugung nach vorne, zum Publikum, zum Dojo.
Siehe auch unter Rei.

Shomen-uchi (jap.): Schlag nach vorne.

Shorei-ryu (jap.): früherer Box- und Karate-Stil auf der jap. Insel Okinawa.

Shorei-Kan (jap.): Weiterentwicklung

des Goju-ryu-Karate (siehe dort). Name des im Jahre 1915 in Koza, Okinawa gegründeten Dojo (und Karate-Schule) u. a. für die Respektierung und Anerkennung der Höflichkeit und der guten Sitten im Alltagsleben. Initiator war der große Goju-ryu-Meister Seikichi Toguchi.

Shorin-ji (Kempo): siehe unter Shaolin-Kloster.

Shorin-ryu (jap.): wörtlich „geschmeidige Pinienschule"; frühere Box- und Karate-Schule auf der jap. Insel Okinawa. Entwickelt als Synthese aus dem Shuri-te und dem Tomari-te um 1890.

Shoshinsha (jap.): Beginner, Budo-Anfänger.

Sho-sukui-uke (jap.): Abwehr „wie eine Schaufel", mit der offenen Hand.

Shotei (jap.): Handwurzel, Handballen.

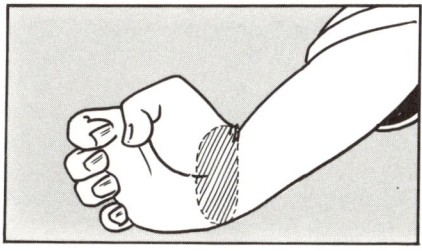

Abb. 141: Shotei, der Handballen.

Shotei-uchi (jap.): Schlag mit dem Handballen.

Shotei-uke (jap.): Abwehr mit dem Handballen.

Shoto (jap.): Pinienrauschen. Bedeutet auch: kurz; Kurzschwert der Samurai.

Abb. 142: Shotei-uchi, der Schlag mit dem Handballen.

Abb. 143: Shotei-uke, die Abwehr mit dem Handballen.

Bedeutet auch: Künstlername von Gichin Funakoshi. So signierte er früher seine vielen Gedichte. Er schrieb dazu: „Im Laufe der vielen Jahre wurde dieser Name bekannter als derjenige, den meine Eltern mir gaben.

Ich stellte oft fest, daß die Menschen nicht wußten wer ich war, wenn nicht zusätzlich zu Funakoshi der Künstlername Shoto stand".

Shotokai (jap.): traditionelle kampfbetonte Karate-Stilrichtung mit Aikido-Techniken, gegründet von den ältesten Schülern Funakoshis Shigeru Egami und S. Hironishi. In Europa eingeführt von dem jap. Meister M. Harada. Heute von Tetsuji Murakami in Frankreich gelehrt. In Deutschland organisiert ab 1970 von K. F. Brüggen, Köln.

Shoto-kan (jap.): bekannteste, verbreiteste und erfolgreichste japanische Karate-Schule innerhalb und außerhalb Japans. Eine der vier großen japanischen Karate-Stilrichtungen. Begründet von Gichin Funakoshi (siehe dort). Er führte u. a. die beiden Karateschulen Shorei-ryu und Shorin-ryu zusammen.
Auch: Name und Türbeschriftung der ersten Karate-Trainingsstätte von Gichin Funakoshi im April 1936, zugleich

erstes jemals in Japan gebautes Karate-Dojo in Zoshigaya/Toshima. Ein nationales Komitee von Karate-Freunden um Funakoshi wählte diese Bezeichnung, die gleichzeitig auch dem Jugend-Pseudonym Funakoshis angelehnt war.
Sho = Kiefer, Pinie.
To = Wette.
Shoto = Pinienrauschen.
Kan = Haus, Tempel.

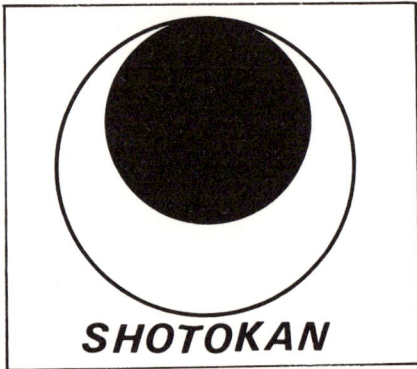

Abb. 145: Shotokan-Symbol.

Shuai-chiao (chin.): Ringen.

Shubaku (jap.): Abart des früheren feudalen Jiu-Jitsu, ähnlich dem chinesischen Kick-Boxen.

Shubo (jap.): Schwertarm, Armstock, Unterarm-Abwehr.

Shubo-uchi (jap.): Schlag mit dem Schwertarm, Stockhandschlag.

Shugu (jap.): Versammlung aller Kampfrichter beim Hauptkampfrichter, zur Klärung von Details oder Unstimmigkeiten.

Shu-ken (jap.): Hand-Faust.

Abb. 144: Emblem des Shotokan-Tigers.

Shuki-ken (jap.): Ellenbogenstoß.

Shuko (jap.): Ninja-Handkralle. Auch: Rückseite der Hand, Handrükken.
Siehe auch unter Haishu.

Shuriken (jap.): japanische Wurfsterne aus Metall.
Ausführlicher siehe im „Ninjutsu-Lexikon".

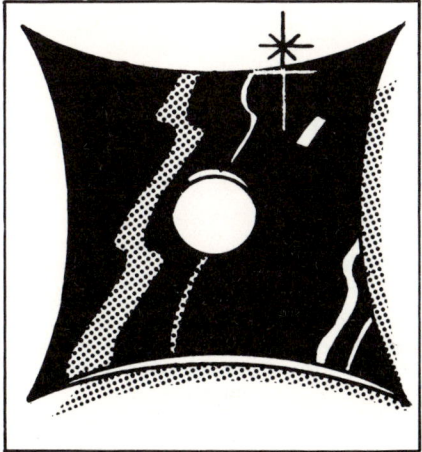

Abb. 146: Semban-Shuriken der Togakure-ryu-Schule.

Shuri-te (jap.): Name des ursprünglichen Kara-te auf der japanischen Insel Okinawa. Siehe auch unter Itosu.

Shusoku (jap.): Hand-Fuß (vom Knöchel abwärts).

Shuto (jap.): Schwerthand, Messerhand, Handkante (Kleinfingerseite) mit verschiedenen Anwendungsmöglichkeiten. Wird gebildet (geformt) wie Shihon-nukite (siehe dort), mit dem Unterschied, daß die Schlagfläche die weiche Außenseite der Handfläche ist.
Auch Tegatana genannt.

Shuto-jodan-uke (jap.): Aufwärts-Block mit der Schwerthand.

Abb. 147: Shuto, die Schwerthand.

Shuto-mawashi-uchi (jap.): halbkreisförmiger Handkantenschlag.

Shuto-sakotsu-uchi (jap.): Handkantenschlag auf das Schlüsselbein.

Shuto-sakotsu-uchi-komi (jap.): schwingender Handkantenschlag auf das Schlüsselbein.

Shuto-uchi (jap.): Handkantenschlag, Messerhand-Angriff.
Uchi-mawashi = von innen nach außen,
Soto-mawashi = von außen nach innen.

Shuto-uke (jap.): Messerhandabwehr, Abwehr mit der Handkante (im Kokatsu-dachi).

Shutsui (jap.): Hammerfaust.

Shuwan (jap.): Unterseite des Unterarms.

Abb. 148: Shuto-uchi-mawashi, Handkantenschlag von innen nach außen.

Abb. 149: Shuto-soto-mawashi, Handkantenschlag von außen nach innen.

Shyuyo (jap.): körperliche und geistige Kontrolle, Disziplin. Zur Dojo-Ethik gehörend.

Sochin (jap.): Karate-Kata der Shotokan- und Shito-ryu-Schule. Begründer, Herkunft und Weiterentwickler sind nicht zu ermitteln. Die Stellungen in dieser Kata tragen die gleiche Bezeichnung (siehe auch unter Sochindachi).

Sochin-dachi (jap.): Kraftstellung, diagonal. Eine zwischen Kiba- und Zenkutsu-dachi liegende Position. Auch Fudo-dachi genannt.

Sode (jap.): Ärmel.

Sode-dori (jap.): am Ärmel fassen, Ärmelgriff.

Sohei (jap.): Kriegermönch.

Soji (jap.): säubern des Dojo-Fußbodens, als respekterweisende Disziplinübung und geistiges Exerzitium.

Soke (chin.): Kopf einer Familie, eines Stammes.

Sokei-domyaku (jap.): Kopfschlagader, Atemi-Angriffspunkt.

Sokki-ken (jap.): Kniestoß.

Sokko (jap.): Fußrist (vom Knöchel abwärts).

Soku (jap.): Schnelligkeit von Geist und Tat.

Sokubo-kake-uke (jap.): Abwehrtechnik mit dem Schienbein, hakenartig.

Soku-gyaku (jap.): Stich mit der Fußzehe.

Sokuho-ukemi (jap.): fallen seitwärts.
Auch Yoko-ukemi genannt.

Sokumen (jap.): Seite, seitlich.

Sokumen-awase-uke (jap.): Doppel-Abwehr, seitlich.

Sokutei (jap.): Fußsohle.

Sokutei-mawashi-uke (jap.): Abwehr, kreisförmig; mit der Fußsohle nach außen.

Sokutei-osae-uke (jap.): Press-Abwehr, mit der Fußsohle nach unten.

Sokuto (jap.): Fußkante, Fußaußenkante, Schwertfuß (vom Knöchel abwärts).
Auch Ke-age genannt.

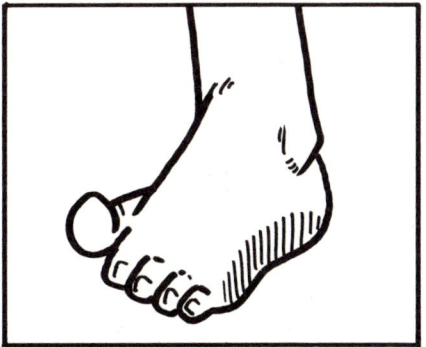

Abb. 150: Sokuto, die Fußaußenkante.

Sokuto-geri (jap.): Fußkanten-Kick, gleich dem Yoko-geri-ke-komi.

Sokuto-ke-age (jap.): rückfedernder Fußstoß mit der Fußkante.

Sokuto-osae-uke (jap.): Abwehr eines Fußtrittes mit Hilfe der Fußaußenkante.

Soku-yaku (jap.): Fußkick.

Solar-Plexus (lat.): „Sonnengeflecht". Dem Anfangsteil der Aorta-abdominalis aufliegendes Eingeweidegeflecht aus Fasern des Sympathischen-Nervensystems. Bevorzugter Angriffspunkt bei vielen Kampfsportarten (etwa handbreit oberhalb des Nabels, unterhalb des Brustbeins gelegen). Jap. = Suigetsu.

Sonkei (jap.): Respekt, Achtung, Ehrerweisung. Zur Dojo-Ethik gehörend.

Son-kyo (jap.): Stellung in der Hocke, sitzen auf dem Fußballen (z.B. im Sumo).

Sore-made (jap.): „Das ist alles", Ende; aus den Wettkampf-Regeln.

So-setsu-kon-Nunchaku: Nunchaku, bestehend aus einem kurzen und einem langen Holz.

Sosoku-geri (jap.): Angriffspunkt bei dem beide Füße gleichzeitig ins Ziel geführt werden, entweder frontal oder seitlich.

Sotai-renshu (jap.): Training mit Partnern.

Soto (jap.): außen (z. B. O-soto-gari = Große Außensichel, Beinwurf-Technik).
Bedeutet auch: besondere Form des Zen-Buddhismus (Soto-Zen).

Soto-biraki-jigotai (jap.): verteidigender (offener) Fußstand.

Soto-mawashi-geri (jap.): halbkreisförmiger Kick, von außen nach innen.

Soto-mawashi-uchi (jap.): Handkantenschlag, von außen nach innen.

Soto-mawashi-uke (jap.): halbkreisförmige Abwehr zur Mitte, von außen nach innen.

Soto-ude-uke (jap.): Abwehr mit dem äußeren Rand des Unterarms. Abwehr mittlere Stufe von außen nach innen.

Abb. 151: Soto-ude-uke, Abwehr mittlere Stufe, von außen nach innen.

Soto-uke (jap.): Abwehr zur Mitte, von außen nach innen.

Soto-Zen (jap.): japanischen Zen-Sekte innerhalb des Zen-Buddhismus, begründet von Dogen.
Bekannter Anhänger: Taisen Deshimaru-Roshi

Suberi-komi (jap.): hineingleiten.

Suburito, Hakkaku (jap.): achtkantiger asiatischer Schlagstock, von Karateka verwendet zur Entwicklung von Kraft und Geschicklichkeit, ca. 1,20 m lang.

Suigetsu (jap.): Solar-Plexus, Atemi-Angriffspunkt.

Suihei (jap.): horizontal, auf gleicher Linie.

Suihei-kamae (jap.): waagrechte Stellung.

Suihei-ni-haru (jap.): waagrecht ausbreiten.

Suki (jap.): Schwachstelle, Blöße, Öffnung.

Su-koshi (jap.): ein wenig.

Sukui (jap.): Schaufel, Löffel, pflügen, kämmen, schöpfen.

Sukui-te (jap.): schaufelnde Hand.

Sukui-uke (jap.): Schaufel-Abwehr, gegen einen Fußtritt.

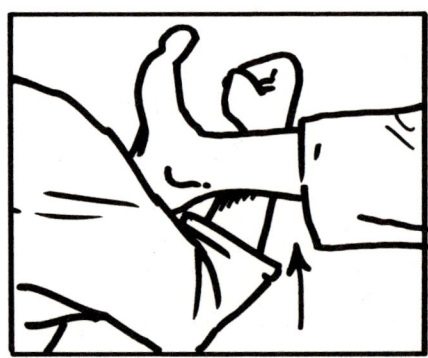

Abb. 152: Sukui-uke, Schaufelabwehr gegen einen Fußtritt.

Sukui-waza (jap.): Gruppe sämtlicher Schaufel-ähnlicher Techniken.

Sumi (jap.): Ecke, Winkel.

Sumo (jap.): traditioneller japanischer Ringkampf, Nationalsport, mit speziell zu diesem Zwecke ausgebildeten fettleibigen Ringkämpfern (sumo-tori).

Abb. 153: Sumo-tori beim Kampf.

Sun-dome (jap.): abbremsen, abstoppen, arretieren in der Weiterführung einer Technik.
Sun = ein Zoll = 3,03 cm.

Sune (jap.): Schienbein, Beinschutz.

Sun Tzu (chin.): chinesischer Militärklassiker (jap. = Shonshi). Ein über 2000-Jahre-altes chin. Fachbuch über die Militär-Wissenschaft („Die dreizehn Gebote der Kriegskunst"). Geschrieben von dem Strategen Sun Wu, der zwischen 500 und 300 v. Chr. lebte.
„Erkennst du weder den Gegner noch dich selbst, so wirst du deine Kämpfe nur in Niederlagen zählen."
Sun-Tzu

Suri-age (jap.): heben, gleiten, Aufwärts-Schlag, Stirnangriff.

Suri-ashi (jap.): schlurfendes Gehen, Gleitschritt, Vorwärtsgehen. Ein Fuß überholt nicht den anderen. Die gesamte Fußsohle gleitet auf dem Boden entlang. Wird angewendet, um Distanzen zum Gegner auszugleichen. Siehe auch unter Tsugi-ashi.

Suri-uke (jap.): gleitende Abwehr.

Suri-uke-zuki (jap.): Abwehrstoß mit gleitendem Ellenbogen.

Sushi-ho (jap.): höhere Karate-Kata. Sushi = Delikatesse.

Sute-geiko (jap.): Training durch Erdulden, „mit dem Körper begreifen". Der Schüler lernt sensitiv (für feinste Reize empfindlich), z.B. durch mehrmaliges (hundertmaliges) angreifen.

Sutemi (jap.): „bis zum Tode kämpfen". „Ich setze alles auf eine Karte"; „opfern", preisgeben, aufgeben, sich selbst durch das Fallenlassen beim Körperwurf in Gefahr bringen; Selbstfalltechnik; sich ohne Furcht in den Kampf werfen.
Ma-sutemi-waza = Körperwürfe durch die Rückenlage.
Yoko-sutemi-waza = Körperwürfe durch die Seitenlage.

Sutra (Sanskrit): wörtlich Leitfaden. In kurzen Sätzen ausgedrücktes höchstes Wissen.
Auch: Heilige Schrift des Buddhismus, deren Inhalt direkt auf die Lehren des Buddha zurückgeht.

Suwari-waza (jap.): Gruppe der Techniken, die im Tai-za-Sitz vorgenommen werden (siehe auch unter Shikko).

Suwaru-suwari (jap.): hinsetzen.

Tachi (jap.): Stand, im Stehen, Grundstellungen.
Auch: großes Repräsentations-Schwert der Samurai.

Tachi-ai (jap.): stehende Stellung, im Stand.
Auch: Kampf = Hata-shiai oder Duell = Ketto.

Tachi-kata (jap.): Figur, Stand, Stellung.

Tachi-waza (jap.): Gruppe sämtlicher Standtechniken.

Taekwon-Do (korean.): koreanischer Fuß- und Faustkampf, koreanisches Karate.

Als Wettkampf-Disziplin, als waffenlose Selbstverteidigung und als intensive Körperertüchtigung wird Taekwon-Do in Korea schon lange als Volkssport ausgeübt und ist Pflichtfach für das koreanische Militär und die Polizei.
Begründer und Schöpfer ist der 1918 geborene koreanische Botschafter und General Choi Hong Hi, der gleichzeitig auch als Präsident des Welt-Taekwon-Do-Verbandes fungiert.
Tae = gegen; auch: springen, schlagen mit dem Fuß.
Kwon = Hand, Faust.
Do = Weg, Grundsatz, philosophisches Prinzip.

Tai (jap.): Körper.
Bedeutet auch: Zustand des Abwartens.

Tai-atari (jap.): Körperberührung. Mit dem Körper treffen.

Abb. 154: T'ai-chi-ch'uan-Übungen…

Abb. 155: sind Meditation in der Bewegung.

T'ai-chi-ch'uan (chin.): wörtlich „die Faustkampf-Methode des Höchsten und Letzen". Methode der Selbstverteidigung; Meditation in der Bewegung. Die weichfließenden und langsam ausgeführten Bewegungen in Koordination von Atem und Bewußtsein, bewirken eine Harmonie der Yin- und Yang-Kräfte mit gesundheitlicher Wirkung.

Tai-iku (jap.): Körpererziehung, Körperpflege.

Tai-ju (jap.): Körpergewicht.

Tai-jutsu (jap.): wörtlich „Körperkunst". frühere Abart des damaligen feudalen Jiu-Jitsu, verwandt mit dem Ninjutsu (siehe auch dort).

Taikai (jap.): Meisterschaften, Sportfest.

Tai-kaiten (jap.): Körperschwung.

Tai-kyo-ka (jap.): Vorbereitungs-Kata. 3 grundlegende Karate-Kata von Gichin Funakoshi, basierend auf seinem Glauben, daß im Karate der erste Angriff nicht immer Vorteile bringt.
Siehe auch unter „Karate ni sente nashi!"

Tai-no-sen (jap.): Initiative in der Verteidigung.

Tai-no-shintai (jap.): Positionsveränderung.

Tai-ryoku (jap.): Körperkraft, Stärke.

Tai-sabaki (jap.): ausgewogenes Gleichgewicht; stabilisierende, die Balance bzw. den Schwerpunkt (Hara) erhaltende drehende Bewegung des Körpers im Kreis, alleine oder mit Partner.

Taisho (jap.): Leiter einer Gruppe, einer Mannschaft, eines Teams. Der General, der Boss, der Anführer.

Taiso (jap.): Körpertraining. Gymnastik. Vorbereitungsübungen zur Stärkung der Kraft, der Geschicklichkeit, der Gelenkigkeit und der Kondition.
Auch: Gehirntraining.
Bedeutet auch: Faust-Techniken im waffenlosen Zweikampf, entwickelt auf Okinawa.

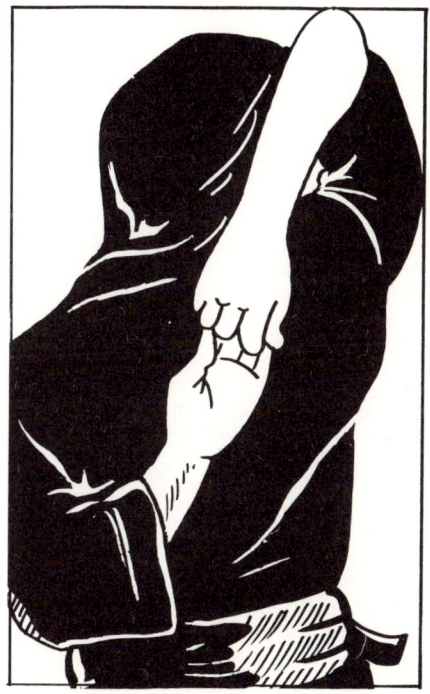

Abb. 156: Taiso, das Körpertraining.

Tai-za (jap.): Konzentrationssitz, ähnlich dem Za-Zen, wobei beide Beine (Füße) unter das Gefäß gebracht werden; Za-rei = die anschließende Verbeugung im Sitzen.

Ta Mo (jap.): Vermittler und Verbreiter des Zen von Indien nach China; buddhistischer Mönch, lebte während der Liang-Dynastie 506–556 n. Chr.; Vater des Shaolin-Boxens (siehe dort); legendärer Begründer der Ur-form des Karate und anderer Kampfformen (siehe auch unter Bodhidharma).

Tameshi-wari (jap.): Bruchtest, Schlagtest, Brechtechnik. Die Kunst des Durchschlagens.

Tana-gokoro-zuki (jap.): Stoß mit der Handfläche.

Tanden (jap.): Unterleibspartie einschließlich der Hüft- und Unterbauchmuskulatur, Zentrum des Menschen, Körperschwerpunkt.
Siehe auch unter Hara.

Tandoku-undo/renshu (jap.): Übungen mit Partner.

Tannokan (jap.): Gallenblase, Atemi-Angriffspunkt.

Tanshiki (jap.): wörtlich „einfach". Einfache Technik oder Form.

Tanshiki-Kumite (jap.): einfacher Kampf.

Tan-t'ien (chin.): zentraler Mittelpunkt des menschlichen Körpers unterhalb des Nabels; die Atmung betreffend; Sitz der menschlichen Energie; jap: Hara oder Tanden.

Tanto-jutsu (jap.): die Kunst des Messerfechtens und der Messerabwehr.

Tanto-tori (jap.): Messerstich.

Tao (chin.): chinesisches Weltprinzip, Weltanschauung, Weg zum Selbst. Manifestiert z. B. in Natur, Moral und Ritus; unerklärbar. Größter Anhänger: Laotse. Lehre: Taoismus.

Bedeutung: Gott, Weg, Vernunft, Wort, Logos, Sinn. Es hat keinen Namen und keine Gestalt. Es ist das Ewig-Eine, Unvergängliche, Allgegenwärtige von Ewigkeit zu Ewigkeit. Jap. = Do.

Tao-re-geri (jap.): Fußtritt im fallen.

Tao-re-ru (jap.): umfallen, umkippen, fallenlassen.

Tao-te-king (chin.): Buch des Taoismus von Laotse (Das Weltgesetz und sein Wirken), 81 Kapitel über die metaphysische Lehre Laotses.

Tatakai (jap.): Kampf.
Tatakai-kusen = harter Kampf,
Tatakai-gekisen = heißer Kampf,
Kesshi no tatakai = Kampf auf Leben und Tod
Tatakai-shin-sen = der geistige Kampf,
Tatakai-no-jumbi = sich zum wo-suru Kampfe rüsten,
Sento-jumbi wo-shita Sento-jumbi = kampfbereit sein, Kampfbereitschaft,
Kesshosen = Endkampf,
Tatakau = kämpfen,
Hisshi-ni-tatakau = kämpfen bis auf's äußerste,
Seigi-no-tame-ni-tatakau = für die gute Sache kämpfen,
Senshi, Toshi = der Kämpfer,
Senso-kyo-Kusen-shin = Kampfeslust
Sento-ryoku-no-aru = kampffähig,
Tatakai-ni-nareta = kampfgewohnt,
Tatakai-zuki-no = kampflustig,
Shimpansha = Kampfrichter,
Sento-ryoku-no-nai = kampfunfähig.

Tatami (jap.): Reisstrohmatte.

Tate (jap.): senkrecht, von oben, nach oben; der Länge nach.

Tate-empi-uchi (jap.): Ellenbogen-stoß aufwärts, zum Gesicht.

Tate-hiji-ate (jap.): Ellenbogenstoß, aufwärts.

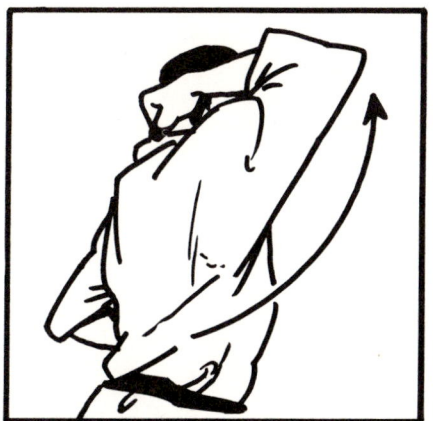

Abb. 157: Tate-hiji-ate, Ellenbogenstoß aufwärts.

Tate-ken (jap.): senkrechte Faust.

Tate-mawashi-hiji-uchi (jap.): halb-kreisförmiger, senkrechter Ellenbo-genschlag.

Tate-mawashi-uchi (jap.): halbkreis-förmiger, senkrechter Schlag.

Tate-nukite (jap.): Stoß mit den Fin-gern der senkrecht stehenden Hand.

Tate-shuto-uke (jap.): senkrechte Messerhandabwehr.

Tate-uraken-uchi (jap.): Faustrücken-schlag von oben.

Tate-zuki (jap.): Stoß mit der senk-rechten Faust; Fauststoß mit Viertel-drehung.

Tatsu (jap.): in stehender Position.

Abb. 158: Tate-zuki, Stoß mit der senk-rechten Faust.

Te (jap.): Arm, Hand, Schulter.

Tebaku (jap.): früherer antiker japani-scher Faustkampf.

Tegatana (jap.): Schwerthand. Hand-kante. Die Stelle (Seite) des kleinen Fingers, von der Fingerspitze bis zum Handgelenk.

Tegatana-ate (jap.): Handkanten-schlag.

Abb. 159: Tegatane-ate, der Handkan-tenschlag.

Tegatana-ate-waza (jap.): Gruppe sämtlicher Handkantenschläge.

Te-gumi (jap.): einfacher, dem Ringen ähnlicher Sport auf der jap. Insel Okinawa, bei dem Gebrauch der Fäuste und der Füße als natürliche "Waffen" verboten waren. Ebenso sind nicht erlaubt die „Schwerthand" und der Ellenbogenschlag, wie diese im Karate üblich sind.
Die Schriftzeichen des Wortes „Tegumi" sind die gleichen, die benutzt werden, um den Karatebegriff „Kumite" zu beschreiben. Dabei wurden die Zeichen lediglich vertauscht.

Teiji-dachi (jap.): Grundstellung, T-Stellung.

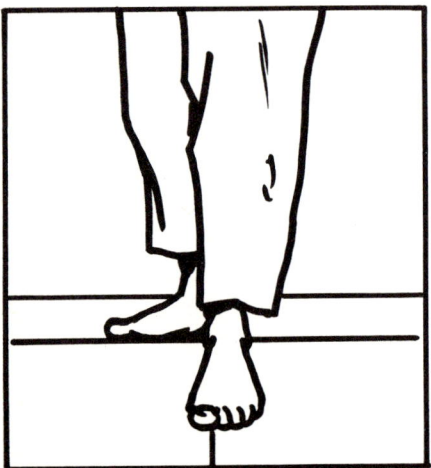

Abb. 160: Teiji-dachi, Grundstellung, T-Stellung.

Teiki-shiken (jap.): technische, fachtechnische Prüfung. Semester-Ende.

Teisho (jap.): Handballen, Handwurzel, Handinnenkante.
Bedeutet auch: zeremonieller Zen-Vortrag. Koan-Auslegung.
Tei = tragen.
Sho = erklären.

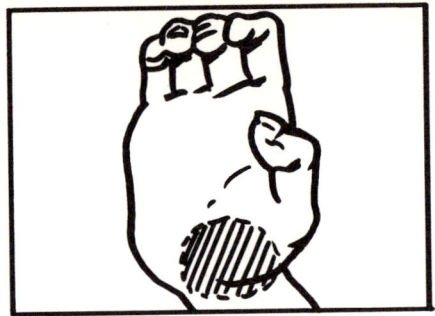

Abb. 161: Teisho, der Handballen, die Handwurzel.

Teisho-awase-uke (jap.): doppelte Handballen-Abwehr.

Abb. 162: Teisho-awase-uke, die doppelte Handballenabwehr.

Teisho-uchi (jap.): Handballenschlag.

Teisho-uke (jap.): Handballen-Abwehr.

Teisho-zuki (jap.): Handballenstoß.

Teisoko (jap.): Fußsohle.
Bedeutet auch: Handfläche oder Handballen.

Te-kaiten (jap.): Handschwung (Rotation, Umdrehung).

Tekki (jap.): wörtlich „Pferdereiten". Bezeichnung für drei fundamentale

Shotokan-Karate-Kata (Tekki-Shodan, -Nidan und -Sandan), so benannt von dem Begründer des modernen Karate Gichin Funakoshi. Frühere Bezeichnung „Naihanchi" (siehe dort). Gründliche und ausführliche Kata, ursprünglich entwickelt von Itosu Sensei, der „Heiligen Faust", den Stil des Shuri-te (siehe dort) repräsentierend. Alle Techniken werden seiten-gerade ausgeführt.

Tekubi (jap.): Handgelenk.

Tekubi-dori (jap.): am Handgelenk halten.

Tekubi-kake-uke (jap.): Handwurzel-(Handgelenk-) Abwehr.

Temoto (jap.): Griff, Haltung.

Te-nagashi-uke (jap.): Fegesperre, Handfege-Abwehr.

Abb. 163: Te-nagashi-uke, die Fegesperre.

Tendo (jap.): Bregma = Punkt am Schädel des Erwachsenen, an dem die Pfeilnaht auf die Kranznaht trifft; Atemi-Angriffspunkt.

Tengu-Geijutsu-Ron (jap.): Kunst, die schönen Künste. Geheimlehren (siehe auch unter Hiden), die vom Meister an den besten Schüler weitervermittelt werden.

Tenkai-ashi (jap.): Fußdrehen.

Tenkan-ashi (jap.): Schritt- und Doppelschrittdrehung.

Tenno (jap.): „Himmlischer Souverän". Der eigentliche Titel des jap. Kaisers entspricht der chin. Bezeichnung für die ältesten mystischen Herrscher Chinas. – Kein Titel, sondern ehrende Bezeichnungen des Kaisers sind „Mikado" oder „Tenshi" (= Himmelssohn).

Ten-no-Kata (jap.): „Kata des Himmels"; Karate-Übung von G. Funakoshi, bestehend aus 2 gleichen Teilen.

Tensihn Shoden Katori Shinto Ryu (jap.): wörtlich „die Katori-Shinto (Schrein-)Schule, die direkt vom Himmel inspiriert ist"; älteste Schule der traditionellen japanischen Kampfkünste.

Tensho (jap.): höhere Kata (neben schwierigen Bewegungen kommt vor allem auch die Atmung zur Geltung).

Te-osae-uke (jap.): gepresste Faustabwehr.

Abb. 164: Te-osae-uke, die gepresste Faustabwehr.

Tessen (jap.): Metallfächer des Kriegers. Trainingsgerät im Kobudo (siehe dort).

Tet-ki (jap.): wörtlich „eisernes Pferd". Eine Okinawa-Karate-Kata der Shorei-ryu-Schule. Die Mehrzahl der Bewegungen ähneln denen eines Pferdes.

Tettsui (jap.): Kleinfingerseite der geballten Faust, Faustaußenseite, Handballenfaust, Eisenfaust, Hammerfaust.
Bedeutet auch: ich versetze ihm einen Schlag.

Tettsui-uchi (jap.): Schlag mit der Kleinfingerseite der Faust.

Abb. 165: Tettsui-uchi, Schlag mit der Kleinfingerseite der Faust.

Tetsui-uke (jap.): Abwehr, Sperrtechnik mit der Kleinfingerseite der geballten Faust.

Te-waza (jap.): Gruppe sämtlicher Hand-, Arm- oder Schultertechniken.

Tobi (jap.): Sprung.
Bedeutet auch: Kräftesammeln.

Tobi-agaru (jap.): hochspringen.

Tobi-geri (jap.): Fußstoß im Sprung, Sprungstoß.

Tobi-geri-no-uke (jap.): Sprungfußstoß-Block.

Tobi-komi (jap.): laufen, springen, hineinspringen in eine Kampftechnik.

Tobi-mae-geri (jap.): Sprungfußstoß nach vorn.

Abb. 166: Tobi-mae-geri, Sprungstoß nach vorne.

Tobi-ushiro-geri (jap.): Sprungstoß rückwärts.

Tobi-yoko-geri (jap.): seitlicher Sprungfußstoß.

Toiri (jap.): vorbereitende Strategie für den Krieg oder Kampf.

Toitsu (jap.): gemeinsam, Vereinigung, Einheitlichkeit. Zur Dojo-Ethik gehörend.

Toketa (jap.): die Bindung aufheben, Spiel oder Kampf abgebrochen, Unterbrechung; aus den Wettkampf-Regeln.

Toku-betsu-geiko (jap.): Spezialtraining, um Kälte und Hitze auszuhalten. Wintertraining = Kan-geiko, Sommertraining = Sho-chu-geiko, siehe jeweils dort.

Tokui (jap.): bevorzugte Bewegung. Bedeutet auch: besonders, Spezialität, Ausnahme, Vorzugstechnik.

Tokui-Kata (jap.): besondere, freie Kata.

Tokui-waza (jap.): Gruppe sämtlicher Lieblings-Kampftechniken.

Tokushu-geiko (jap.): trainieren von Spezialtechniken.

To-ma (jap.): größere Entfernung, weite Position, Abstand, Distanz.

Tomari-te (jap.): wörtlich „Tomari-Hand"; eine der früheren Karateschulen (Stilrichtungen) der Tomari-Gegend auf Okinawa.

To-me-uke (jap.): Abwehr mit dem Unterarm.

Tomoe (jap.): Bogen, Kreis, Wasserwirbel.

Tomoe-waza (jap.): Gruppe sämtlicher Bogen-Techniken.

Tonfa (jap.): asiatisches Verteidigungs- und Trainings-Gerät aus Holz. Griff mit dem das Mühlrad gedreht wurde. Wer mit dieser Waffe kämpfen will, muß die Bewegungen und Techniken des Karate beherrschen.

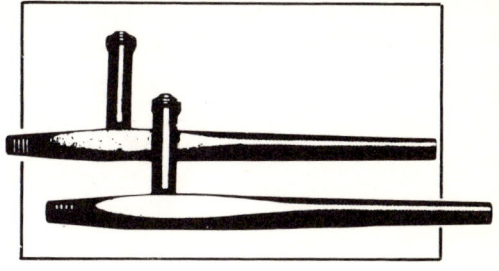

Abb. 167: Tonfa-Hölzer, Karate- und Kobudo-Trainingsgeräte.

Tori/Dori (jap.): Werfer, Angreifer, Ausführender.
Bedeutet auch: nehmen, derjenige der nimmt.

Tori-te (jap.): veraltete Form des früheren japanischen waffenlosen Zweikampfes, zur Zeit der Edo-Periode.

Toshu-taiso (jap.): Freiübungen, Gymnastik, Konditionstraining.

To-te (jap.): Karate-Faust-Stil (auch Taiso genannt), ähnlich dem chin. Chuan-fa (chinesisches Kempo). Entwickelt während der Ming-Dynastie in China zwischen 1300 und 1570 n. Chr. Danach auch Aktivitäts-Entwicklung auf Okinawa.
To = Symbol für T'ang = große chinesische Herrscher-Dynastie zwischen 618 und 906 n. Chr. Die Schriftzeichen bedeuten auch „Kara" = leer oder China. Te = Hand, Hände. Die ideographische Kombination beider Silben kann daher als To-te und als Kara-te gelesen werden.

Totei (jap.): Schüler, Lernender.

Tsuba (jap.): Schwertstichblatt, Handschutz, Schmuck des Samurai-Schwertes.

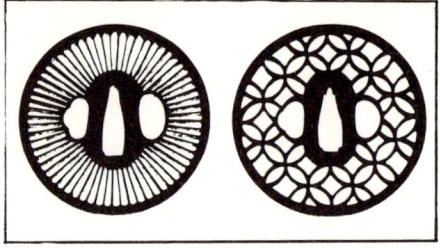

Abb. 168: Tsuba, die Schwertstichblätter.

Tsubo (jap.): Akupunkturpunkte. Japanische Fingerdruck-Therapie auf „vitale", lebenswichtige Nervenpunkte des menschlichen Körpers. Siehe auch unter Akupressur und Shiatsu. Das Ch'i, die Lebensenergie, fließt entlang sog. Meridiane, an denen die Tsu-bo liegen.
Bedeutet auch: ich versetze ihm einen harten Schlag (Druck).

Tsukami-uke (jap.): Greifabwehr.

Tsuki (jap.): Stoß, stoßen (mit der Vorderfaust), Schlag.
Wird als zweites oder drittes Wort „-zuki" geschrieben.

Tsuki-age (jap.): wörtlich „Druck von unten", geschwungener Fauststoß, Kinnhaken.

Tsuki-dachi (jap.): Fingerspitzenstoß.

Tsuki-nami-shiai (jap.): Reihenkampf-Turniere.

Tsuki-te (jap.): stoßende, drückende Hand.

Tsuki-uke (jap.): Fauststoßabwehr.

Tsuki-waza (jap.): Gruppe sämtlicher Stoßtechniken, Angriffstechniken.

Tsukkomi (jap.): vorstoßen mit Fausttechniken.

Tsukuri (jap.): Eingang, Wurfansatz. Bedeutet auch: konstruieren.

Tsukuri-kuzushi (jap.): Angriffsgelegenheit des durchbrechens einer festen Stellung.

Tsu-masaki (jap.): Zehenspitzen, Angriffs-„Waffen" (vom Knöchel abwärts).

Tsu-masaki-geri (jap.): Tritt mit den Zehenspitzen.

Tsume-bara (jap.): erzwungener Selbstmord, Selbstentleibung durch Hara-kiri (= Seppuku) des japanischen Adligen (Ritter, Samurai), in auswegslosen Situationen.

Tsuri (jap.): ziehen, herbeiziehen, Zug. Bedeutet auch: angeln, fischen, auffangen.

Tsuri-ashi (jap.): gehen mit sich überholenden, schleifenden Schritten. Siehe auch unter Shintai.

Tsuri-komi (jap.): Hebezug, herumziehen, heranziehen, aus dem Gleichgewicht bringen.

Tsuru-ashi-dachi (jap.): Kranichstellung, z. B. im Kyokushin-Karate von Oyama. (Siehe dort).

Abb. 169: Tsuru-ashi-dachi, die Kranichstellung auf einem Fuß.

Tsutsu-kete-hajime (jap.): erneute Kampfaufnahme eines unterbrochenen Kampfes. „Kämpft weiter!"
Auch: Aufforderung an zwei passive Kämpfer.

Uchi (jap.): innen, Inneres.
Bedeutet auch: schneller, federnder Schlag, Stoß, Angriffstechniken.

Uchi-ashi-barai (jap.): Fußfeger von innen und außen.

Uchi-fumi-komi (jap.): Stampftritt vorwärts.

Uchi-hachiji-dachi (jap.): Stellung mit geöffneten, einwärts gerichteten Füßen (Taubenfußstand).
Auch Uchi-hachi-noji-dachi genannt.

Abb. 170: Uchi-hachiji-dachi, Stellung mit einwärts gerichteten Füßen.

Uchi-komi (jap.): Schlagtechnik. Bedeutet auch: mehrere, hintereinanderfolgende Eingänge ohne Wurf.

Uchi-komi-geiko (jap.): Training von Schlagtechniken oder Wurfeingängen, mit Partner.

Uchi-mata (jap.): innerer Schenkelwurf.

Uchi-mata-dachi (jap.): umgekehrter Fußstand. Uchi-mata-Stellung.

Uchi-ude-uke (jap.): Abwehr mittlere Stufe, von innen nach außen. Vorderarm- (Unterarm-)Abwehr.
Auch Uchi-uke genannt.

Abb. 171: Uchi-ude-uke, Abwehr mittlere Stufe, von innen nach außen.

Uchi-uke (jap.): siehe unter Uchi-ude-uke.

Uchi-waza (jap.): Gruppe sämtlicher Schlagtechniken, Angriffstechniken.

Ude (jap.): Arm, Unterarm.

Ude-ate-waza (jap.): Gruppe der Armschlagtechniken.

Ude-gaeshi (jap.): Armdrehung.

Ude-kaiten (jap.): Armschwung.

Ude-uke (jap.): Abwehr mit dem Unterarm.

Ue (jap.): aufwärts, nach oben.

Uechi-ryu (jap.): Karate-System und -Stilrichtung auf Okinawa, begründet von Kanbum Uechi, der von 1897 bis 1910 in der chinesischen Fukien-Provinz unter Chou-Tzu-ho das Phoenix-eye-punch-System studierte.

Uke (jap.): abwehren, blockieren, verteidigen.
Bedeutet auch: Verteidiger.

Uke-dachi (jap.): normale Verteidigungs-Stellung.
Bedeutet auch: Konter-Attacke.

Uke-gae (jap.): aufeinanderfolgende, wechselnde Abwehrtechniken.

Uke-kime (jap.): Abwehr-Angriff.

Uke-kime-ichijo (jap.): Abwehr und entscheidende Angriffstechnik als Einheit.

Ukemi (jap.): fallen, Fallübungen, Fallschule.
Koho (Ushiro) = fallen rückwärts,
Mae-ukemi = fallen vorwärts,
Sokuho (Yoko)-ukemi = fallen seitwärts.

Uke-te (jap.): wörtlich „verteidigende Hand". Verteidiger.

Uke-waza (jap.): Gruppe sämtlicher Abwehrtechniken.

Uki (jap.): schweben, flattern, schwimmen, gleiten.

Undo-fuku (jap.): Sportanzug.

Undo-ka (jap.): Sportler.

Undo-kai (jap.): Sportfest.

Undo-kurabu (jap.): Sportclub.

Undo/Supotsu (jap.): Sport, sportliche Bewegung.

Unsoku (jap.): Beinbewegung.

Unsu (jap.): Karate-Kata der Shotokan- und Shito-ryu-Schule. Die Herkunft ist unklar, wahrscheinlich von der Niigaki-Schule abstammend. Erstmals erwähnt 1922 im Karate-Kenpo-Buch von Funakoshi.

Ura (jap.): entgegengesetzt, entgegengestellt, verkehrt, verdreht, umgekehrt.
Bedeutet auch: das negative, äußere Ausweichen durch Anwendung der Körperdrehung Tai-sabaki, um eine Technik einzuleiten (siehe auch unter Tenkan).

Ura-ken (jap.): Faustrücken, umgekehrte Faust.

Abb. 172: Ura-ken, der Faustrücken.

Ura-ken-hizo-uchi (jap.): Schlag zur Milz (oder Niere) mit dem Faustrücken.

Ura-ken-sayu-uchi (jap.): linke und rechte Faustrückenschläge.

Ura-ken-shita-uchi (jap.): Faustrückenschlag nach unten.

Ura-ken-tata-mawashi-uchi (jap.): halbkreisförmiger, vertikaler Faustrückenschlag.

Ura-ken-uchi (jap.): Faustrückenschlag.

Abb. 173: Ura-ken-uchi, Faustrücken-Abwärtsschlag.

Ura-ken-yoko-mawashi-uchi (jap.): horizontaler Faustrückenschlag.

Ura-shotu (jap.): Daumenstoß.

Abb. 174: Ura-ken-uchi, Faustrücken-Seitwärtsschlag.

Abb. 175: Ura-zuki, kurzer Nahkampf-Faststoß.

Ura-uchi (jap.): Schlag nach unten.

Ura-zuki (jap.): kurzer Faststoß im Nahkampf, Aufwärtshaken.

Useshi (jap.): siehe unter Goju-shiho.

Ushiro (jap.): rückwärts, hinten, nach hinten.

Ushiro-ashi (jap.): hinteres Bein. Ähnlich dem Gyaku-ashi.

Ushiro-ashi-geri (jap.): Faststoß mit dem hinteren Bein.

Ushiro-empi-uchi (jap.): Ellenbogenstoß, -schlag, rückwärts.

Ushiro-fumi-komi (jap.): Stampftritt rückwärts.

Ushiro-geri (jap.): Fußtritt nach hinten, Fußstoß rückwärts.

Abb. 176: Ushiro-geri, Fußstoß rückwärts.

Ushiro-geri-keage (jap.): Schnapp-stoß nach hinten.

Ushiro-hiji-ate (jap.): Ellenbogen-stoß, -schlag rückwärts.

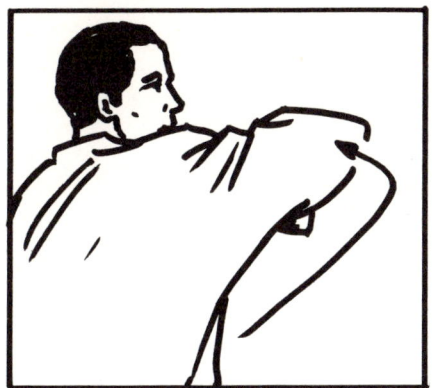

Abb. 177: Ushiro-hiji-ate, Ellenbogen-stoß rückwärts.

Ushiro-hiki-otoshi (jap.): sinken, fal-len nach rückwärts.

Ushiro-kakato (jap.): Rückseite der Ferse.

Ushiro-kakato-barai (jap.): Fersen-feger rückwärts.

Ushiro-ke-komi (jap.): Fußstoß nach hinten.

Ushiro-mawashi-geri (jap.): um 180 Grad gedrehter Halbkreisfußtritt rück-wärts.

Ushiro-ni-ite (jap.): zurückgehen.

Ushiro-oi-geri (jap.): Kick rückwärts mit dem vorderen Bein.

Ushiro-ukemi (jap.): fallen rückwärts.

Uss! (jap.): Begrüßung unter Freun-den („Hallo").
Bedeutet auch: Ja!, einverstanden!

Abb. 178: Ushiro-mawashi-geri, Halb-kreisfußtritt rückwärts.

Utsu (jap.): treffen, darauf schlagen.

Utsuri (jap.): überwechseln, ändern, fortbewegen.

Uwagi (jap.): Jacke, Kittel, oberer Teil des Karate-Anzuges.

Wa (jap.): Einklang, Harmonie, übereinstimmen.
Bedeutet auch: Frieden.

Wado-ryu (jap.): wörtlich „Schule für den Weg des Friedens". Eine der vier großen Karate-Stilrichtungen in Japan. Begründet von Hironori Ohtsuka (siehe dort), einem Schüler von Gichin Funakoshi, der früher ein großer Meister des Shindo-Yoshin-Jujitsu-Ryu war. 1934 erhielt H. Ohtsuka von der jap. Regierung den Hanshi-Orden als höchstes Verdienstkreuz, da er für den Frieden (Wa-no-michi) eintrat.

WADO RYU

Abb. 179: Symbol des Wado-ryu-Karate. Die Faust stellt die technische (handwerkliche) Form dar, der Kranich gilt als Friedenssymbol. Beides zusammen bildet im Kreis ein Ganzes.

Wa-jutsu (jap.): die Kunst der Übereinstimmung. Zwei Ausführende bewegen sich miteinander in völliger Harmonie.

Wakare (jap.): sich trennen, verabschieden, wegtreten, reißen, ziehen.

Wakeru (jap.): teilen, trennen, unterscheiden.

Waki (jap.): Seite, rückwärts.

Waki-bara (jap.): Körperseite.
Bedeutet auch: Seitenstechen.

Waki-gamae (jap.): seitliche Stellung, Position.

Waki-gatame (jap.): mit der Seite hebeln.

Wakige (jap.): Achselhöhle, Schwertschlag im Ken-jutsu. Hieb durch die Brust in Höhe der Achselhöhle.

Waki-zashi (jap.): kurzes, leicht-gekrümmtes Schwert der Samurai. Früher verwendet bei der Zeremonie des traditionellen japanischen Hara-kiri (siehe dort).

Wankan (jap.): auch Shofu oder Hiko genannt. Karate-Kata des Tomari-te-Stiles. Kürzeste Kata des Shotokan-Karate.

Wanto (jap.): „Schwertarm", Unterarm.

Wanshu (jap.): Karate-Kata von Okinawa, benannt nach dem Gründer, später umbenannt in „Empi".

Wahi (jap.): Adler.

Washi-te (jap.): Adlerhand, Adlerklaue.

Washi-jime (jap.): Adler-würgen.

Washi-ki (jap.): der japanische Stil.

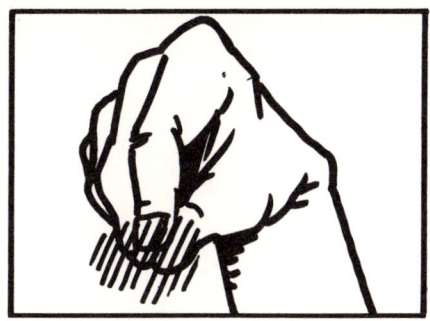
Abb. 180: Washi-te, die Adlerklaue.

Washi-shin-ryu (jap.): der wahre Weg der Harmonie. Eine Form des jap. Karate, charakterisiert durch starke geradlienige Techniken und kontrolliertes Atmen.

Wari-ashi (jap.): Gehtechnik (anpassender Schritt).

Wa-zuki (jap.): Kreisstoß.

Waza (jap.): Technik, Kunst, Gruppe. Bedeutet auch: Schlagform.

Waza-ari (jap.): halber Punkt, Wertung. „Fast"-Ippon.

Waza-ari-awasete-ippon (jap.): „Zwei Wertungen (zwei Waza-ari, oder zwei Fast-Punkte) ergeben einen Punkt"; aus den Wettkampf-Regeln.

Waza-ari-nichikai-waza (jap.): „Fast" -Waza-ari.

Waza-o-hodokosu-koki (jap.): wörtlich „psychologisch richtiger Moment für die Anwendung einer Technik".

Wei (chin.): handeln, tun, Aktivität.

Wu-hsing (chin.): Nichtbewußtsein; aus der Zen-Philosophie.

Wu-nien (chin.): Nichtgedanken; aus der Zen-Philosophie.

Wu-Shu (chin.): wörtlich „militärische Künste". Oberbegriff für das chinesische Kung-fu und seine Stilarten.

Wu-wei (chin.): Nichtdenken, Nichthandeln, Nichteingreifen, absichtsloses Handeln, den natürlichen Lauf aller Dinge nicht beeinflussen. Begriff aus dem Tao-te-king und aus der Zen-Philosophie; u.a. das „Streben" nach dem Nichts.
Bedeutet aber keinesfalls Trägheit oder Passivität, sondern die Aufgabe des Verlangens nach unwirklichen Dingen. Japanisch = Hishiryo (siehe dort).

Awase-zuki (siehe dort). Ziel: Solar-Plexus und Gesicht, zur gleichen Zeit.

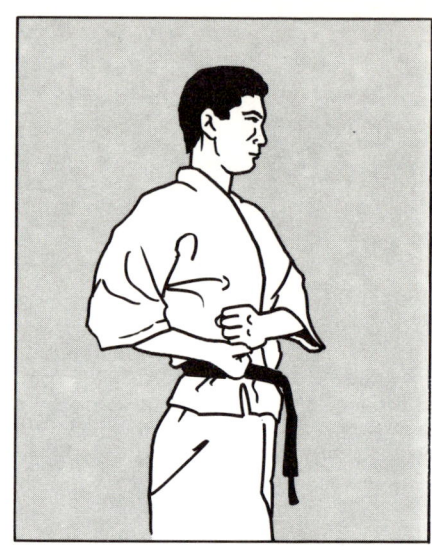

Abb. 181: Yama-zuki, Ausgangsposition. Siehe auch Abb. 14.

Ya (jap.): Pfeil aus Holz oder Bambus zum Yumi (siehe dort) = Bogen gehörend.

Yabusame (jap.): alt-japanisches Bogenschießen auf einem galoppierenden Pferd, auf feststehende Ziele entlang des Parcours.

Yako (jap.): Region der Leisten.

Yako-Zen (jap.): Zen-Snobismus, Pseudo-Zen, Jesuiten-Zen.

Yakusoku (jap.): das Versprechen, die Abmachung, die Absprache.

Yakusoku-yaku-Kumite (jap.): Kampf-Kata nach vorheriger Absprache.

Yaku-soku-geiko (jap.): Studium durch Bewegung; schnelles, gegenseitiges Werfen ohne Widerstand; Trainingsform.
Bedeutet auch: Kampftraining nach vorheriger Absprache oder Vereinbarung. Trainings-Wettkampf zwischen Partnern, die ihren Widerstand vorher nicht ankündigen.

Yama/Jama (jap.): Berg, z.B. Yama-arashi = Bergsturm, Körperwurftechnik.

Yama-gamae (jap.): Bergstellung.

Yama-zuki (jap.): weit auseinander gerichteter „U"-Stoß; Variante des

Yame (jap.): Kampfunterbrechung, Ende; stoppen eines Budo-Kampfes. Bedeutet auch: Kommando am Schluß einer Kata.

Yameru (jap.): aufhören, Schluß machen.

Yame-soremade (jap.): Kampf-Ende. Kommando des Hauptkampfrichters „Ende der Kampfzeit!" – Aus der Kampfrichter-Sprache.

Yang (jap.): das männliche Prinzip (hell, aktiv, positiv) der asiatischen Philosophie.
Siehe auch unter Yin und Yang.

Yansu (jap.): höhere Karate-Kata.

Yari (jap.): Wurf-Speer der Samurai, Lanze.

Yasume (jap.): wörtlich „entspannen". Kommando „Pause" zwischen der Übung.

Yasume-ru (jap.): ich entspanne mich.

Yasumu (jap.): sich ausruhen.

Yawara (jap.): ältere Bezeichnung für Jiu-Jitsu. Veraltetes (antikes) System des japanischen Zweikampfes, ursprüngliches Judo.
Bedeutet auch: Kurzstock, in der geballten Faust zu tragen, für Angriff und Verteidigung (siehe auch unter Shinbo).

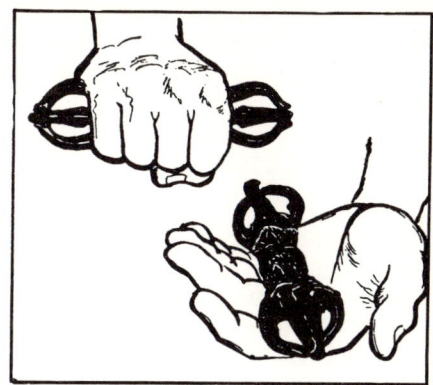

Abb. 183: Yawara-Kurzstock, Selbstverteidigungs-Utensil und buddhistisches Symbol.

Abb. 182: Yawara-Armhebel, alte Samurai-Zeichnung.

Yin (chin.): das negative, weibliche, ruhende, empfangende, passive Prinzip der asiatischen Philosophie. „Die Pforte des mystisch-weiblichen ist die Wurzel von Himmel und Erde".

Yin und Yang (chin.): asiatisches Zeichen als Sinnbild der Gegensätze (Polarität) im Universum; Feuer und Wasser, Himmel und Erde, Mann und Frau, stark und schwach, schwarz und weiß

(aber nichts ist schwarz, nur schwarz und nichts ist weiß, nur weiß).
Onyo-do = „der Weg von Yin und Yang" (jap.).
Das lichtvolle, schöpferische, männliche, geistige Prinzip einerseits (Yang); das mächtige, empfangende, weibliche, stoffliche andererseits (Yin); ursprünglich kosmische Urkräfte, in der Vorstellungswelt fast aller Völker Asiens vorhanden. Begriffe der chinesischen Philosophie, die etwa seit dem 5.–3. Jahrhundert v. Chr. als kosmologische Prinzipien auftraten. Die Yin- und Yang-Prinzipien wurden entdeckt von dem sagenhaften Kaiser Fushi (2852 v. Chr.). Beide Begriffe

Abb. 184: chinesisches Yin- und Yang-Zeichen.

werden seit der Sung-Zeit (11. Jahrhundert) in der symbolischen Darstellung des „großen Uranfangs" (T'aiki) zusammengefaßt, die die einander ergänzenden Urkräfte seit Beginn der Schöpfung veranschaulicht.

Yoga (ind.): ca. 3000 Jahre alte indische Lehre und Praxis der Meditation und Konzentration auf bestimmte Ideen oder Symbole, um übernatürliches Wissen auf intuitivem Wege zu erlangen. Die körperliche und geistige Ruhe, die dazu erforderlich ist, wird durch verschiedene Formen der Askese, Anspannung und Entspannung mittels körperlicher Übungen (zum Teil Verrenkungen) sowie durch Trennung von äußerlichen Einflüssen erreicht.

Yoi (jap.): Achtung! Vorbereitung! Bereitschaftsstellung.

Yoi-dachi (jap.): Bereitschaftsstellung!
Siehe auch unter Fudo-dachi.

Yokeru (jap.): ausweichen, umgehen.

Yokeru-koto (jap.): Ausweich-Bewegungen.
Hidari-naname-ni-yokeru-koto (jap.): ausweichen links-diagonal.
Migi-naname-ni-yokeru-koto (jap.): ausweichen rechts-diagonal.
Ushiro-ni-yokeru-koto (jap.): ausweichen rückwärts.

Yoko (jap.): seitlich, Seite, von der Seite, Flanke.

Yoko-ashi (jap.): gleichzeitiges gleiten der Füße.

Yoko-empi (jap.): Ellenbogenstoß, seitlich.

Yoko-empi-mawashi-uchi (jap.): seitlicher Ellenbogenstoß, halbkreisförmig.

Yoko-empi-uchi (jap.): seitlicher Ellenbogenstoß, -schlag.
Auch Yoko-hiji-ate genannt.

Yoko-fumi-komi (jap.): seitlicher Stampftritt.

Abb. 185: Yoko-fumi-komi, der seitliche Stampftritt.

Yoko-furimi (jap.): seitwärts anlehnen.

Yoko-geri (jap.): Seitwärtsfußstoß, Fußtritt mit sehr großer Schlagkraft.

Yoko-geri-ke-age (jap.): Schnappstoß seitwärts, rückfedernder Fußstoß zur Seite.

Yoko-geri-ke-komi (jap.): gerader Fußstoß seitwärts.

Yokok-hiji-ate (jap.): Ellenbogenstoß, -schlag seitwärts.

Abb. 186: Yoko-geri, der schlagkräftige Seitwärts-Fußstoß.

Yoko-ke-age (jap.): geschnappter Fußtritt seitwärts.

Yoko-ke-komi (jap.): Fußkantenstoß seitwärts.

Yoko-ken (jap.): waagrechter Faustschlag.

Yoko-mawashi-empi-uchi (jap.): Ellenbogenrundschlag, Ellenbogenstoß, halbkreisförmig.
Auch Yoko-mawashi-hiji-ate genannt.

Yoko-mawashi-hiji-ate (jap.): Ellenbogenrundschlag seitwärts.

Yoko-mawashi-uchi (jap.): waagrechter, halbkreisförmiger Unterarmschlag, seitwärts.

Yoko-no-kamae (jap.): Seitwärtsstellung.

Yokoppara (jap.): Weichen (Flanken), Atemi-Angriffspunkt.

Yoko-tobi-geri (jap.): Sprungtritt seitwärts. „Fliegender", seitlicher Fußtritt (im Sprung).

Yoko-tobi-no-kamae (jap.): seitliche Ausfallstellung.

Yoko-uchi (jap.): Schlagtechnik zur Seite.

Yoko-uchi-barai (jap.): Fegeabwehr seitwärts.

Yoko-uke (jap.): Abwehr zur Seite.

Yoko-ukemi (jap.): fallen seitwärts.

Yoko-uraken-uchi (jap.): Faustrückschlag zur Seite.

Yok-sudo (jap.): Innenseite der Handkante.

Yon-Dan (jap.): 4. Budo-Meistergrad. Kuro-obi = schwarzer Gürtel.

Yonhon-nukite (jap.): Vierfinger-Speerhand.

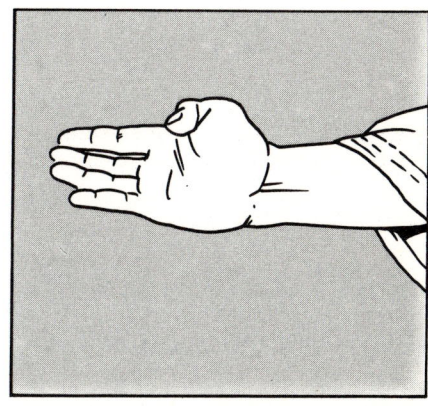

Abb. 187: Yonhon-nukite, die Vierfinger-Speerhand.

Yori-ashi (jap.): gleichzeitiges Gleiten der Füße.
Auch Yose-ashi genannt.
Siehe auch unter Tsuri-ashi.

Yoroshi-i (jap.): sehr gut, Lob.

Yoru (jap.): sich etwas näher kommen, heranrücken.

Yoshi (jap.): „Kämpft", „Weitermachen".

Yotsu-de-o-hanasu (jap.): wörtlich „die vier Hände freimachen". Unentschieden, vor allem beim Sumo-Ringen (siehe dort); Patt-Situation. Beide Kontrahenten haben sich fest umklammert und jeder befürchtet, daß er sich beim loslassen („hanasu") in eine schlechte Kampfsituation bringt.

Yotsui-daika (jap.): große Vertiefung des Lendenrückgrates, Atemi-Angriffspunkt.

Yowai (jap.): schwach, schwächlich, dünn.

Yubi (jap.): Finger.
Bedeutet auch: elegant, mutig.

Yubi-hasami/basami (jap.): Fingerschere.

Yubi-kaiten (jap.): Fingerschwung.

Yubi-saki-ate (jap.): Fingerspitzenstöße.

Yudansha (jap.): Danträger, Schwarzgurtträger.
Siehe auch unter Mudansha.

Yuen (jap.): weich.

Yuka (jap.): Polster, Klötze; auf denen die Tatami (siehe dort) gelagert werden.

Yukata (jap.): japanisches Hauskleid, Kittel.

Yuko (jap.): Fast-Waza-ari, 5 Unterbewertungs-Punkte, großer Vorteil; aus den Wettkampf-Regeln.

Yuko-no-kamae (jap.):

Yuko-uchi (jap.): halber Punkt.

Yumi (jap.): Bogen (zum Pfeil „Ya" gehörend); bestehend aus verschiedenen Holz- oder Bambus-Lagen; Spannkraft im unteren Bogen-Drittel.

Yumi-ya (jap.): Bogen und Pfeil.

Yu-no-sen (jap.): Initiative in der Verteidigung.

Yusei-gachi (jap.): „Gewonnen" (nach Punkten) durch Überlegenheit; aus den Wettkampf-Regeln.

Yuzan, Daidoji (jap.): Lebte in Japan von 1639–1730, verfaßte das „Budo-Shosin-shu" (Die Grundlektionen über das Bushido), das in 44 Kapiteln dem jungen Samurai in der Weise einer väterlichen Ermahung die Basis des rechten Denkens für den „höchsten Stand unter dem Himmel" beschrieb.

Za (jap.): Sitz, Platz.

Za-buton (jap.): japanisches Sitzkissen.

Za-ho (jap.): Konzentrations-Sitz. Siehe auch unter Tai-za und Za-zen.

Zan-shin (jap.): Vollendung, Abschluß einer Kata, kontrollierte Endstellung nach Ausführung einer Technik.
Bedeute auch „nach erfolgreichem Angriff wird der Kampfgeist bewahrt", oder: geistige Vorbereitung, entspannte Wachsamkeit.
Stadium des totalen (kultivierten) Bewußtseins, in allen asiatischen Kampfkünsten vorherrschend. Eine Form des „sechsten Sinnes".
Siehe auch unter Shin.

Za-rei (jap.): Verbeugung, Zeremonieller, ritualer Gruß im Sitzen (Knien). Gegensatz: Ritsu-rei = Verbeugung im Stehen.

Za-zen (jap.): in der Zen-Meditation üblicher Konzentrations-Sitz, bei dem beide Beine vorn übereinander (überkreuz) geschlagen werden. Fixieren des Geistes auf ein Mandala (siehe dort). Zensitz zur inneren Sammlung; sitzender Zen; Herz des Zen-Buddhismus. Chinesisch = Tso-ch'an genannt.

Za-zen-Yojinki (jap.): Vorkehrungen, die beim Za-zen zu beachten sind. Name eines Buches über die Praxis des Zen, geschrieben im 14. Jahrh. von Keizan Jokin.

Zempaku (jap.): Unterarm.

Zen (jap.): „Versenkung", Sanskrit = Dhyana, chinesisch = Ch'an; Meditationsübung, kam ca. 520 n. Chr. von Indien nach China und von dort nach Japan; dort buddhistische Glaubensrichtungen und Rückgrat der japanischen Kultur; Aufhebung des Ich-Begriffes und Weg zu dem All-Einen, die unmittelbare Erleuchtung; Ablehnung rationaler Spekulation oder das „tägliche Bewußtsein"; alle Gebiete des japanischen Geisteslebens und die japanische Lebensauffassung werden noch heute vom Zen geprägt.

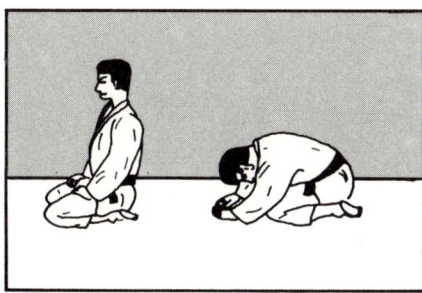

Abb. 188: Za-rei, die Verbeugung im Knien.

Abb. 189: Zen-Praxis, meditierender Samurai.

Zen-Buddhismus: asiatische (japanische) Religion des Zen. Lehre der Meditationsübungen innerhalb des Mahayana. Der Legende nach soll diese Lehre durch den indischen Königssohn Bodhidharma Anfang des 6. Jahrhunderts nach China gebracht worden sein. Historisch nachweisbar breitete sich der Zen im 12. Jahrhundert durch den Mönch Eisei in Japan aus.

Zen-do (jap.): der Platz, wo Za-zen praktiziert wird, z.B. im Dojo (siehe auch dort).

Zen-empi (jap.): frontaler Ellenbogen.

Zen-ji (jap.): Zen-Lehrer, Zen-Meister.

Zen-kaiten (jap.): volle Drehung, Kehrtwendung.

Abb. 190: Zenkutsu-dachi, Vorwärtsstellung mit Ausfallschritt.

Zenku (jap.): vor-gehen.

Zenkutsu-dachi (jap.): Schrittstellung, Grundstellung, Frontalstellung, Vorwärtsstellung, Ausfallschritt.

Zenpo (jap.): vorwärts, weiter nach vorne.

Zenpo-dai-sharin (jap.): Wagenrad vorwärts, radschlagen, Fallübung.

Zenpo-kaiten (jap.): Rolle vorwärts, fallen, purzeln.
Auch Zenpo-tenkai geschrieben.

Zenpo-kaiten-ukemi (jap.): Falltechnik aus der stehenden und abgebeugten Position, Rolle vorwärts.

Zenpo-tenkai (jap.): rollen vorwärts, Fallübung.

Zen-shin (jap.): vorwärts-marschieren, fortschreiten.

Zokko (jap.): wörtlich „fortsetzen", den Kampf wieder aufnehmen; aus den Wettkampf-Regeln.

Zori/Zoori (jap.): japanische meist geflochtene Reisstroh-Sandalen, Slipper. Tabi = mit großem Zehenabstand.
Siehe auch unter „Geta".

Zubon (jap.): Hose, Beinkleid (Hakama).

Zuki (jap.): siehe unter Tsuki = Faustschlag, Fauststoß, stoßen.

Gichin Funakoshi, der Begründer des modernen Karate.

Bibliographie

Während der mehrmonatigen Arbeit an diesem Karate-Lexikon wurde eine große Menge von Karate-Fachbüchern und -Zeitschriften aus dem In- und Ausland durchgearbeitet. Die brauchbaren Begriffe wurden gesammelt und zum Teil übersetzt. Es wurde Fachliteratur zu Hilfe genommen und ausgewertet, die mehr als 30 Jahre alt ist (die Begriffe haben sich bis heute nicht geändert), und es wurde auch auf neueste, aktuelle Karate-Dokumentationen zurückgegriffen.

Wegen der Fülle des gesichteten Materials einerseits, das meist aus dem Privat-Archiv des Verfassers stammt, und wegen des geringen Platzes in dem vorliegenden Buch andererseits, wollen wir auf eine Aufzählung aller Buch-Titel, die recherchiert wurden, verzichten.

Lediglich einige wenige Bücher und Zeitschriften, die dem Verfasser nützliche Dienste bei der Zusammenstellung der Fachausdrücke und deren Übersetzung in die deutsche Sprache leisteten, sollen hier aufgezählt werden:

DKB-Handbuch: Engen, 1982.
Budo-Lexikon: Sport-Buch-Verlag H. Velte, 3. Auflage, 1985.
Judo-Kodokan-Revue: Tokio, Japan, Jahrgänge ab 1955.
Deutsch-Japanischer-Sprachführer: Verlag Harrassowitz, Wiesbaden, 1979.
Japanische Umgangssprache: Verlag Harrassowitz, Wiesbaden, 1976.
Kleines Wörterbuch zum Verständnis asiatischer Weltanschauung: O. W. Barth-Verlag, München, 1966.
Kleines Wörterbuch der Japanologie: Verlag Harrassowitz, Wiesbaden, 1968.
Wörterbuch der deutschen und japanischen Sprache: Sansyusya-Publishing, Co., Tokio, 1981.
Deutsch-Japanisches Wörterbuch: Verlag Enderle, Tokio, 1984.
Sportwissenschaftliches Lexikon: Verlag Karl Hofmann, Schorndorf, 1972.
Brockhaus Enzyklopädie: 20 Bände, F. A. Brockhaus, Wiesbaden, 1971.
Zen, Japan und der Westen: Paul-List-Verlag, München 1961
Bücher des Wissens, Laotse: Fischer-Bücherei, Frankfurt/M., 1956.
Sportbegriffe von A–Z: Von H.-J. Winkler. Humboldt-Taschenbuchverlag, München, 1978.
Karate-Do, Mein Weg: Von Gichin Funakoshi. Werner Kristkeitz-Verlag, Weidenthal, 1983.
Scientific Karatedo: Von Masayuki Hisataka. Japan Publications Trading Company, Tokio, 1976.
A Basic Glossary of Bujutsu: Von Meyer H. Parry. Verlag und Herausgabe-Jahr unbekannt.
The Overlook Martial Arts Dictionary: Von Emil Farkas und John Corcoran. The Overlook Press, New York, 1983.
Martial Arts. Traditions, History, People: Von John Corcoran und Emil Farkas. Gallery Books, New York, 1983.
Lexikon der östlichen Weisheitslehren: Otto-Wilhelm-Barth-Verlag, München, 1986.
Monographien zur Weltgeschichte, Band XXVII: Staat und Kultur der Japaner: Verlag von Velhagen & Klasing, Leipzig, 1907.
Und viele andere.

VON GELB BIS GRÜN
JUDO GÜRTELPRÜFUNG
H. Velte, H. G. Seyfried, P. Raab

Judo-Gürtelprüfung von Gelb bis Grün
Von Velte/Seyfried/Raab
ISBN 3-923473-09-5.

Aus dem Inhalt: Die Geschichte des Judo / Die Darsteller P. Raab und H.-G. Seyfried / 10 Tips für die Gürtelprüfung / Die Gürtelfarben des Judosportes / Die Gokyo-no-kaisetsu / Verfahrensordnung für Judo-Kyu-Grade / Alles für den gelben Gürtel / Alles für den orangenen Gürtel / Alles für den grünen Gürtel / Aphorismen zum Studium des Weges / 10 Tips für Judo Anfänger / Die 250 häufigsten japanischen Bezeichnungen. - Mit übersichtlicher farblich gegliederter Gürtelaufteilung. DIN A 5, 115 Seiten, viele Abbildungen.
DM 17,50

VON BLAU BIS SCHWARZ
JUDO GÜRTELPRÜFUNG
H. Velte, H. G. Seyfried, P. Raab

Judo-Gürtelprüfung von Blau bis Schwarz
Von Velte/Seyfried/Raab
ISBN 3-923473-14-1.

Aus dem Inhalt: Die Geschichte des Judo / Die Darsteller P. Raab und H.-G. Seyfried / 10 Tips für die Gürtelprüfung / Die Gürtelfarben des Judosportes / Die Gokyo-no-kaisetsu / Verfahrensordnung für Judo-Kyu-Grade / Alles für den blauen Gürtel / Alles für den braunen Gürtel / Alles für den schwarzen Gürtel / Verfahrensordnung für Judo-Dan-Grade / Die Nage-no-kata / 10 Tips über den guten Judo-Kampfstil / Die 250 häufigsten japanischen Bezeichnungen / Aphorismen zum Studium des Weges. - Farblich gegliedert. DIN A 5, 95 Seiten, viele Abbildungen.
DM 19,50

JUDO
KAMPFSPORT für den Anfänger

Judo Kampfsport für den Anfänger
Von H. Velte.
ISBN 3-923473-08-7.

Aus dem Inhalt: Was ist Judo? / Die technische Einteilung des Judosportes / Die Gürtelfarben im Judosport / 10 Tips für den Anfänger / Judo-Grundschule und vorbereitende Übungen / Die Judo-Fallschule / Die verschiedenen Wurfeingänge / Die 4 Phasen beim Judowurf / Die 16 ersten Judogrundwürfe / Judo-Bodenkampfschule / Allgemeines über die Bodenkampfschule / Die ersten 3 Haltegriffe / Die ersten 3 Armhebel / Die ersten 3 Würgegriffe. Außerdem: Die geistigen und biologischen Grundlagen des Judo. - DIN A 5, 90 Seiten, viele Abbildungen.
DM 16,80

KAMPFSPORT WITZE
Herbert Velte

Kampfsport-Witze
Von H. Velte.
ISBN 3-923473-11-7.

Aus dem Inhalt: Der Schattenkrieger / Kampfsportwitze über Judo / Sugata Sanshiro / Textwitze zum Thema Budosport / Karate / Kampfsportwitze allgemein / Textwitze zum Thema Sport / Anti-Raucher-Witze, und vieles mehr. - Dies ist kein Fachbuch über Judo oder Karate: Es gibt auch keinen Aufschluß über Kampftechniken oder Kampfregeln. Trotzdem ist es für alle Anhänger der asiatischen Kampfkünste ein amüsantes Büchlein, wenn auch „nur" zum Schmunzeln, zum Lächeln oder zum Lachen - je nach ihrem Temperament. DIN A 5, 63 Seiten, 75 gezeichnete Witze.
DM 13,20

Budo-Weisheiten
und praktische Ratschläge
Herbert Velte

Budo-Weisheiten, Bd. 1
Verbesserte Neuauflage.
Von H. Velte.
ISBN 3-923473-26-5.

Aus dem Inhalt: Spruchweisheiten, Zitate, Redewendungen und auch sonstige kluge Worte - von Psychologen, Philosophen, von Meistern des Sports, von den Begründern der fernöstlichen Kampfkünste und von anderen ... über richtiges Training, über richtiges Kämpfen, über richtiges Gewinnen und Verlieren - Dazu: 10 Volksweisheiten, 10 Tips für den guten Kampfstil, 10 Tips für Judodämpfer, 10 kluge Ratschläge der Japaner. Der Budomann hat Grundsätze. 24 Säulen der Weisheit und Lebensphilosophie von Bruce Lee. Dojo-Trainingsordnung, usw... DIN A 5, 106 Seiten, mit Abbildungen.
DM 12,80

BUDO Weisheiten
und kleines Zen-Lexikon
HERBERT VELTE

Budo-Weisheiten, Bd. 2 und kleines Zen-Lexikon.
Von H. Velte.
ISBN 3-923473-04-4.

Aus dem Inhalt: Buddhas Zen / Versuch einer Zen-Erklärung / Philosophische Budo- und Zen-Weisheiten / Asiatische Symbole / Tai-chi / Zitate und praktische Ratschläge / Mögen alle Wesen glücklich sein / Lebensregel / Die Harmonie von Körper und Geist / Fachbücher. - Darüberhinaus beinhaltet dieses nützliche Büchlein ein Zen-Lexikon mit 121 asiatischen Begriffen zum Thema Zen-Buddhismus, mit ausführlichen deutschen Erklärungen. - Zitate aus Band 1 werden in diesem Büchlein nicht wiederholt. DIN A 5, 60 Seiten, viele Abbildungen.
DM 11,80

Lieferung über die deutschen Budo-Artikel-Vertriebe.

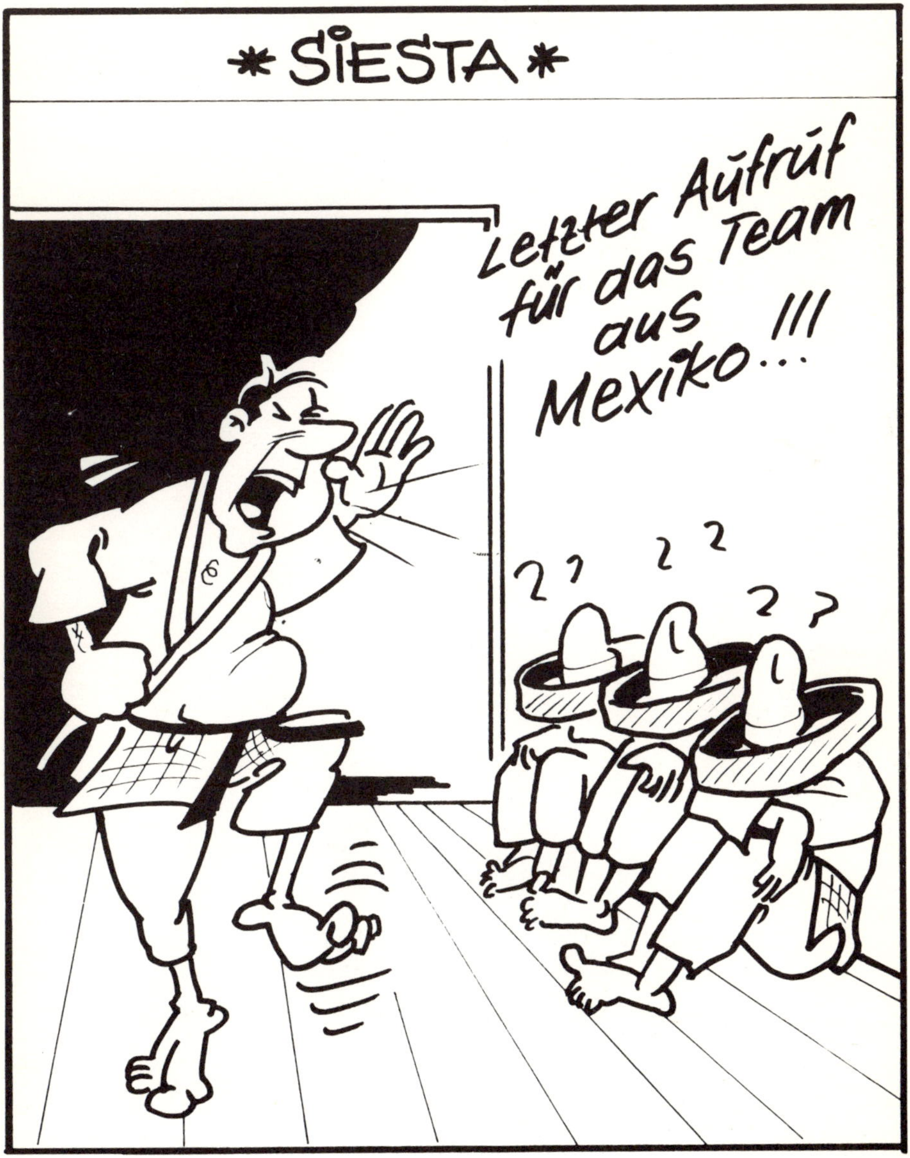
SIESTA
Letzter Aufruf für das Team aus Mexiko...!!!
z z z z z z